CHEMIN VERS LA PROSPÉRITÉ

CHEMIN VERS LA PROSPÉRITÉ

MARMADUKE ALVARADO

CONTENTS

First Printing, 2025

Introduction

Pour atteindre la sécurité financière dans le monde d'aujourd'hui, il faut acquérir certaines compétences essentielles. Ces compétences ne sont pas cachées, mais facilement accessibles à quiconque est prêt à s'engager à les maîtriser. Malheureusement, de nombreuses personnes choisissent de rester dans leur zone de confort, sous-estimant l'effort nécessaire pour atteindre la liberté financière. Cette introduction vise à briser ces barrières et à vous motiver à vous lancer dans votre voyage vers l'indépendance financière.

Vous vous demandez peut-être pourquoi tant de personnes ne parviennent pas à atteindre la liberté financière malgré son accessibilité. En réalité, la plupart des gens ne s'engagent pas pleinement dans le travail acharné requis. Ils préfèrent la familiarité de leur situation actuelle à l'incertitude et aux efforts nécessaires pour changer leur situation financière. Cependant, en lisant ce guide, vous faites déjà le premier pas vers le changement. Au fur et à mesure que vous progresserez dans ce livre, votre passion pour l'indépendance financière grandira et vous commencerez à ressentir la liberté à laquelle vous aspirez.

Prenons l'analogie du Grand Canyon. Chaque année, environ trente millions de personnes venues des quatre coins du monde visitent ce magnifique monument. Pourtant, seuls 250 000 d'entre eux parviennent à traverser le canyon dans son intégralité, et certains ont même besoin de l'aide des gardes forestiers pour revenir. Ce scénario reflète le chemin vers la liberté financière. Beaucoup en rêvent , mais seuls quelques-uns persévèrent face aux défis pour atteindre leurs objectifs. La nature humaine a tendance à privilégier le confort et l'observation plutôt que le travail acharné nécessaire pour un changement significatif.

Ce guide est conçu pour vous aider à surmonter ces tendances et vous mettre sur la voie claire de l'indépendance financière. Atteindre la liberté financière est un rêve partagé par beaucoup mais réalisé par peu. Ce livre propose un plan d'action étape par étape pour vous aider à atteindre cet objectif. Préparez-vous à un voyage difficile mais enrichissant. De nombreuses personnes sont prêtes à travailler dur, à investir judicieusement et à gérer efficacement leurs investissements, mais elles échouent souvent parce qu'elles ne parviennent pas à développer les compétences nécessaires à la sécurité financière.

À la fin de ce guide, vous aurez une compréhension complète des étapes nécessaires pour atteindre l'indépendance financière. Vous respirerez l'air de liberté qui accompagne la sécurité financière et ressentirez la satisfaction de savoir que vous avez pris le contrôle de votre avenir financier. Embarquons ensemble pour ce voyage et transformons vos rêves en réalité.

CHAPTER 1

Fixer des objectifs financiers

Pour tracer votre chemin vers la prospérité, il est essentiel de définir des objectifs financiers clairs et réalistes. Le parcours de chaque individu est unique, influencé par sa situation personnelle, son parcours professionnel et ses aspirations. Prenons les exemples contrastés d'un ouvrier de plate-forme pétrolière et d'un distributeur d'équipements de télécommunications à Portland, dans l'Oregon.

Pour un distributeur de télécommunications, l'objectif à un an pourrait être d'investir dans les ventes de télécommunications jusqu'à ce que cela génère des revenus supérieurs à ses revenus actuels. Pendant ce temps, un ouvrier de plate-forme pétrolière pourrait se concentrer sur la construction d'une carrière durable basée sur les voyages au cours de la prochaine décennie. L'objectif immédiat de ce travailleur devrait être de mettre en valeur ses compétences et son dévouement auprès d'employeurs potentiels, en soulignant sa valeur dans le secteur des télécommunications, même si sa stratégie d'épargne actuelle ne correspond pas parfaitement aux investissements typiques dans les télécommunications.

Lorsque vous organisez vos actifs financiers, il est essentiel de garder vos objectifs au premier plan de votre planification. Suivez ces étapes pour élaborer un plan qui tire parti de vos points forts et de vos opportunités :

1. **Évaluez votre valeur financière nette** : Calculez votre situation financière actuelle en résumant tous vos actifs et passifs.
2. **Définissez vos objectifs** : demandez-vous : « Quelle est ma valeur ? » Vos objectifs doivent être précis et réalistes. Réfléchissez à ce à quoi ressemblera votre résultat final en termes de :
   - **Dépenses de retraite** : Visez zéro dette et une retraite confortable.
   - **Aspirations en matière de style de vie** : Peut-être rêvez-vous de posséder une maison de vacances dans les Caraïbes.
   - **Acquisitions personnelles** : Peut-être qu'une vaste collection de meubles anciens en acajou est ce que vous envisagez.
   - **Philanthropie** : Vous pourriez avoir pour objectif de créer une fondation qui profite à une cause qui vous tient à cœur.

Plus vos objectifs sont clairs, mieux vous pouvez planifier votre chemin pour les atteindre.

Quatre chiffres clés à prendre en compte dans vos objectifs financiers :

1. **Revenus** : Quel est votre revenu actuel et quel est votre objectif ?
2. **Dépenses** : Quelles sont vos dépenses actuelles et comment pouvez-vous les réduire pour augmenter vos économies ?

3. **Épargne** : Quel est votre montant d'épargne actuel et quel est votre objectif d'épargne ?
4. **Placements** : Quels placements possédez-vous actuellement et quels nouveaux placements peuvent vous aider à atteindre vos objectifs financiers ?

Une fois que vous avez ces quatre chiffres clés en tête, vous pouvez commencer à créer un plan étape par étape pour atteindre vos objectifs financiers. N'oubliez pas que vos objectifs doivent être à la fois précis et réalistes pour être réalisables.

En suivant ces étapes, vous serez sur la bonne voie pour atteindre l'indépendance financière. Se fixer des objectifs financiers ne consiste pas seulement à rêver, mais à créer un plan concret qui transforme ces rêves en réalité. Votre voyage vers la liberté financière commence par une vision claire de l'endroit où vous voulez être et par un engagement indéfectible pour y parvenir.

CHAPTER 2

Créer un budget

L'élaboration stratégique d'un budget est la base pour faire fructifier votre patrimoine et faire travailler votre argent pour vous. Un budget bien structuré vous aide à gérer vos finances de manière efficace, en vous assurant de respecter vos obligations et d'épargner pour l'avenir. Décomposons cela étape par étape.

Commencez par régler vos factures mensuelles : la première étape consiste à payer vos factures mensuelles. Créez une liste complète de toutes vos factures, y compris le loyer ou l'hypothèque, les services publics, les assurances, l'épicerie et toute autre dépense récurrente. Lorsque vous recevez votre chèque de paie, comparez les montants à votre chèque de paie et tenez un calendrier des échéances de paiement. Votre objectif doit être de régler entièrement vos factures mensuelles avec un seul chèque de paie par mois, quel que soit le nombre de chèques de paie que vous recevez dans un mois. Cette approche garantit qu'un de vos chèques de paie est consacré uniquement à couvrir vos dépenses essentielles.

Stratégie d'épargne : Une fois que vos factures mensuelles sont couvertes par un chèque de paie, vous pouvez commencer à épargner l'autre. Commencez par vous renseigner sur les différentes options d'épargne et d'investissement pour la retraite. Recherchez des plans 401(k), des comptes de retraite pour petites entreprises, des comptes d'épargne, des certificats de dépôt (CD) et d'autres instruments de placement. Choisissez une combinaison d'options qui correspond le mieux à vos objectifs de patrimoine et à votre tolérance au risque.

Structure budgétaire : Après vous être renseigné, structurez votre budget de manière à contribuer à un compte d'épargne ou d'investissement chaque mois. Certaines personnes peuvent économiser 20 % de leurs revenus, mais il est courant de commencer avec 10 % jusqu'à ce que vous soyez mieux organisé. Configurez des virements automatiques pour transférer l'argent sur votre compte d'épargne ou d'investissement chaque mois, puis oubliez-le et laissez l'argent fructifier au fil du temps. Une fois que vous avez compris combien et quand l'argent quitte votre compte, vous pouvez vous concentrer sur l'épargne des 80 % restants, moins les dons de bienfaisance.

Conseils en matière d'assurance : Michael Jordan, agent d'assurance agréé pour le New Jersey, la Pennsylvanie, le Delaware et le Maryland, est un guide compétent qui peut vous aider à choisir vos options d'assurance. Elle peut vous renseigner sur la sélection du meilleur marché pour votre entreprise, l'obtention d'une caution, la décision de savoir si un 401(k) vous convient et le choix du bon ensemble d'avantages sociaux pour vos employés. En tant qu'agence d'assurance détenue par des femmes appartenant à des minorités, elle comprend les besoins d'assurance spécifiques des propriétaires d'entreprises appartenant à des minorités. Que votre entreprise soit à but lucratif ou non, grande ou petite, dans l'industrie manufacturière, les services professionnels, le commerce, la vente au détail ou l'industrie alimentaire, elle est là pour vous servir.

Créer un budget ne consiste pas seulement à suivre vos dépenses, mais aussi à prendre le contrôle de votre avenir financier. En suivant ces étapes, vous serez en mesure de gérer vos finances plus efficacement, de faire fructifier votre patrimoine et d'atteindre vos objectifs financiers. Le chemin vers l'indépendance financière commence par un plan budgétaire solide, alors prenez le temps d'en créer un qui vous convient.

CHAPTER 3

Épargner et investir

Une règle essentielle pour atteindre la liberté financière est d'investir votre argent judicieusement. En réalité, un jour, vous pourriez ne plus vouloir travailler ou les circonstances pourraient vous en empêcher. Il est essentiel de vous préparer à ce moment en faisant travailler votre argent pour vous.

Beaucoup de gens remettent à plus tard leurs projets, pensant avoir tout le temps nécessaire pour commencer à investir, ou s'en détournent parce qu'ils se sentent dépassés par la complexité des investissements. Cet état d'esprit est à la fois néfaste et trompeur. Souvent, le véritable problème est le désir de sécurité perçue d'une relation employeur-employé, qui n'est finalement pas garantie. Les gens prétendent que la vie d'un employé est simple et sans risque, mais aucun emploi n'est à l'abri des réductions d'effectifs, des ralentissements économiques ou des changements du marché. Chaque jour, des milliers d'emplois sont supprimés, ce qui souligne l'importance de l'indépendance financière grâce à l'investissement.

La règle des 30%

Un autre principe essentiel pour atteindre la liberté financière est la **règle des 30 %** , qui suggère d'épargner 30 % de vos revenus. À première vue, cela peut sembler une tâche ardue, mais réfléchissez-y : si vous n'économisez pas votre argent, qu'en ferez-vous ? Cette règle vous encourage à planifier à l'avance , en créant un coussin financier qui peut couvrir six mois de dépenses en cas d'urgence.

Au début, il peut sembler difficile d'épargner 30 % de votre budget et vous ne pourrez peut-être pas atteindre cet objectif immédiatement. Cependant, l'objectif est d'augmenter progressivement votre épargne jusqu'à ce que vous puissiez mettre de côté ce montant de manière régulière. Cette méthode d'épargne intentionnelle – planifier avec un objectif – facilite l'épargne une fois que vous avez des objectifs financiers clairs et une vision de votre avenir.

Investir avec un objectif précis

Investir ne consiste pas seulement à économiser de l'argent, mais aussi à le faire fructifier. En investissant judicieusement, vous pouvez créer une source de revenus durable qui vous soutiendra à l'avenir. Voici quelques points clés à prendre en compte lorsque vous débutez votre parcours d'investissement :

1. **Informez-vous** : Prenez le temps de vous renseigner sur les différentes options d'investissement telles que les actions, les obligations, les fonds communs de placement, l'immobilier et les comptes de retraite comme les régimes 401(k). La compréhension de ces options vous aidera à prendre des décisions éclairées.
2. **Commencez petit** : vous n'avez pas besoin d'investir une grosse somme d'argent au départ. Commencez avec ce que vous pouvez vous permettre et augmentez progressivement vos investissements à mesure que vous vous sentez plus à l'aise et que vous avez plus de connaissances.
3. **Diversifiez** : Répartissez vos investissements sur différentes classes d'actifs pour minimiser les risques. La diversification permet de protéger votre portefeuille de la volatilité des marchés.

4. **Fixez-vous des objectifs** : définissez clairement vos objectifs d'investissement. Qu'il s'agisse d'épargner pour la retraite, d'acheter une maison ou de financer les études de vos enfants, des objectifs précis guideront votre stratégie d'investissement.
5. **Restez cohérent** : Intégrez l'investissement à votre routine financière. Configurez des virements automatiques vers vos comptes de placement pour vous assurer de contribuer régulièrement à votre patrimoine futur.

Le rôle d'un conseiller financier

Envisagez de demander conseil à un conseiller financier. Des professionnels comme Michael Jordan, agent d'assurance agréé pour le New Jersey, la Pennsylvanie, le Delaware et le Maryland, peuvent vous aider à vous orienter dans les complexités de l'investissement et de l'assurance. Elle peut vous conseiller sur la sélection des meilleures options d'investissement, l'obtention des obligations nécessaires et le choix des avantages sociaux adaptés à vos employés. En tant qu'agence d'assurance détenue par des femmes appartenant à des minorités, elle comprend les besoins uniques des propriétaires d'entreprises appartenant à des minorités et peut adapter ses conseils à votre situation spécifique.

CHAPTER 4

Gestion de la dette

Pour atteindre la liberté financière, il est essentiel de se libérer du fardeau de la dette. Une dette excessive limite non seulement vos opportunités financières, mais ajoute également un stress inutile à votre vie. Voici quelques stratégies essentielles pour gérer et réduire efficacement vos dettes.

Comprendre l'impact de l'endettement : Tout d'abord, il faut reconnaître que l'accumulation de dettes peut constituer un obstacle important à la liberté financière. Une dette excessive limite votre capacité à investir et à faire fructifier votre patrimoine. Il est important de comprendre les conséquences de l'endettement et de vous engager dans des stratégies qui minimisent son impact sur votre santé financière.

Stratégies pour éviter les dettes :

1. **Évitez les achats inutiles** : La stratégie la plus simple pour éviter les dettes est de ne pas acheter des articles que vous ne pouvez pas vous permettre. Cette tactique simple peut vous éviter bien des problèmes liés à l'endettement. Avant de faire un achat, demandez-vous s'il s'agit d'une nécessité ou d'un désir, et si vous avez les moyens de le payer sans avoir recours au crédit.

2. **Éliminez les cartes de crédit** : Les cartes de crédit sont souvent considérées comme les « faiseuses de dettes » de l'histoire financière. Elles peuvent être des outils tentants qui conduisent à des dépenses excessives et à l'accumulation de dettes à taux d'intérêt élevé. Envisagez de vous débarrasser de vos cartes de crédit ou du moins de limiter leur utilisation aux seules urgences. Cela vous aidera à éviter de tomber dans le piège du crédit renouvelable.

La règle des 30 % : Une autre règle essentielle pour gérer ses dettes et atteindre l'indépendance financière est la **règle des 30 %** , qui suggère que vous devriez épargner 30 % de vos revenus. Même si cela peut sembler une part importante, il est essentiel d'anticiper les besoins futurs et de constituer un coussin financier. Essayez d'épargner suffisamment pour couvrir au moins six mois de dépenses en cas d'urgence.

Conseils pratiques pour gérer la dette :

1. **Créer un budget** : Établir un budget est une étape fondamentale dans la gestion de la dette. Dressez la liste de toutes vos dépenses mensuelles, y compris vos dettes, et comparez-les à vos revenus. Affectez des fonds au remboursement systématique de vos dettes tout en veillant à couvrir vos dépenses essentielles.
2. **Donnez la priorité au remboursement de vos dettes** : concentrez-vous d'abord sur le remboursement des dettes à taux d'intérêt élevé, comme les soldes de cartes de crédit. Une fois ces dettes sous contrôle, vous pourrez vous occuper d'autres dettes. Envisagez d'utiliser des méthodes comme la méthode boule de neige ou avalanche pour réduire systématiquement votre dette.

3. **Économisez avant de dépenser** : Si vous ne pouvez pas vous permettre quelque chose maintenant, cela signifie que vous n'avez pas l'argent pour l'acheter pour le moment . Au lieu de contracter des dettes, économisez pour votre achat. Cette approche vous aide non seulement à éviter les dettes, mais aussi à prendre l'habitude d'épargner.
4. **Demandez conseil à un professionnel** : Parfois, la gestion des dettes peut être difficile. Envisagez de demander conseil à des conseillers financiers qui peuvent vous proposer des stratégies personnalisées de gestion de la dette et de planification financière.

Changer votre état d'esprit financier : comprenez que contracter des dettes de manière imprudente équivaut à commettre un sabotage financier. Soyez intelligent et responsable dans vos décisions financières. Si vous prévoyez de faire un achat important à l'avenir, économisez pour cela plutôt que de compter sur le crédit. Ce changement d'état d'esprit vous aidera à garder le contrôle de vos finances et à œuvrer pour votre liberté financière.

La gestion de la dette est une étape cruciale sur votre chemin vers l'indépendance financière. En évitant les dettes inutiles, en donnant la priorité au remboursement de la dette et en adoptant une approche disciplinée des dépenses et de l'épargne, vous pouvez construire une base financière solide qui soutiendra vos objectifs à long terme.

CHAPTER 5

Créer de multiples sources de revenus

L'un des principes fondamentaux pour parvenir à l'indépendance financière est de créer de multiples sources de revenus. La diversification de vos sources de revenus améliore non seulement la stabilité financière, mais accélère également l'accumulation de richesses. Voyons comment créer stratégiquement ces sources de revenus.

Revenu actif : Le revenu actif correspond aux revenus que vous recevez en échange de votre temps et de vos efforts, comme votre salaire provenant d'un emploi à temps plein, d'un travail indépendant ou d'un rôle actif dans une entreprise. Il est essentiel d'établir une base solide de revenu actif, car elle fournit le capital initial nécessaire aux investissements et aux efforts ultérieurs de création de richesse. Le revenu actif finance vos investissements, vous donne la liberté de poursuivre vos rêves et vous fournit les connaissances nécessaires pour passer à d'autres sources de revenus moins actives.

L'importance de sources multiples de revenus : Les personnes riches et prospères dépendent rarement d'une seule source de revenus. Diversifier vos sources de revenus est une approche plus sage et plus stable. Cela permet de se protéger contre d'éventuelles pertes de revenus et offre un filet de sécurité en cas de fluctuations économiques ou d'événements inattendus de la vie. Créer plusieurs sources de revenus peut sembler insurmontable au début, mais commencer tôt rend cette tâche plus gérable et plus bénéfique à long terme.

Types de flux de revenus :

1. **Revenu gagné** : Argent gagné en travaillant activement dans un emploi ou une entreprise. Il s'agit de votre principale source de revenus lorsque vous débutez.
2. **Revenus bénéficiaires** : Bénéfices provenant de l'achat et de la vente de biens, comme la gestion d'une boutique de commerce électronique ou la participation au marché boursier.
3. **Revenus d'intérêts** : Argent gagné en prêtant votre argent à d'autres, par exemple par le biais de comptes d'épargne, d'obligations ou de plateformes de prêt entre particuliers.
4. **Revenus de dividendes** : Bénéfices provenant de la détention d'actions dans des sociétés qui versent des dividendes à leurs actionnaires.
5. **Revenu locatif** : Argent gagné en louant un bien immobilier, qu'il soit résidentiel ou commercial.
6. **Gains en capital** : Bénéfices tirés de la vente d'investissements, tels que des actions, des biens immobiliers ou d'autres actifs, à un prix plus élevé que celui que vous avez payé pour eux.
7. **Revenus de redevances** : revenus provenant de la concession de licences sur vos œuvres créatives, telles que des livres, de la musique, des brevets ou des marques commerciales, à des tiers.

Étapes pour créer plusieurs sources de revenus :

1. **Commencez par un revenu actif** : assurez-vous une source fiable de revenu actif en travaillant à temps plein, en freelance ou en gérant une entreprise. Cela constitue la base de votre stabilité financière.
2. **Investissez intelligemment** : Utilisez une partie de vos revenus actifs pour investir dans diverses catégories d'actifs. Diversifiez vos placements pour répartir les risques et augmenter les rendements potentiels.
3. **Tirez parti de vos compétences et de vos loisirs** : identifiez les compétences ou les loisirs qui peuvent être monétisés. Par exemple, envisagez de proposer des services de conseil, de créer des cours en ligne ou de vendre des produits artisanaux.
4. **Explorez les opportunités de revenus passifs** : investissez dans des propriétés locatives, des actions versant des dividendes ou des plateformes de prêt entre particuliers pour générer des revenus passifs. Ces flux de revenus nécessitent moins d'implication active une fois mis en place.
5. **Réinvestir les bénéfices** : Réinvestissez en permanence les bénéfices de vos différentes sources de revenus pour accroître davantage votre patrimoine. Les intérêts composés et le réinvestissement peuvent accélérer considérablement l'accumulation de richesses.
6. **Restez informé et adaptez-vous** : Tenez-vous au courant des tendances du marché et recherchez continuellement de nouvelles opportunités de revenus. Adaptez vos stratégies à l'évolution des conditions économiques et des circonstances personnelles.

Créer plusieurs sources de revenus n'est pas aussi intimidant qu'il n'y paraît. Il existe de nombreuses façons d'établir des sources de revenus parallèles et superposées, chacune contribuant à un avenir financier plus sûr et plus prospère. En diversifiant vos revenus, vous créez une base financière solide qui peut résister aux incertitudes de la vie et ouvrir la voie à la liberté financière.

CHAPTER 6

Créer un fonds d'urgence

Un fonds d'urgence est un filet de sécurité financier essentiel qui sert de coussin en cas d'événements imprévus tels qu'une perte d'emploi, une urgence médicale ou d'autres crises financières. En conservant et en contribuant régulièrement à un fonds d'urgence, vous pouvez vous assurer d'être prêt à affronter les incertitudes de la vie et éviter de tomber dans la détresse financière.

L'importance d'un fonds d'urgence : Un fonds d'urgence sert de tampon, vous permettant de retomber sur vos pieds lorsque vous êtes confronté à des difficultés financières imprévues. Ceux qui disposent d'un fonds d'urgence et y contribuent régulièrement ne connaissent que rarement, voire jamais, de catastrophe financière. La nécessité d'avoir un fonds d'urgence ne peut être surestimée, et ceux qui tiennent compte de ce conseil se retrouvent souvent mieux préparés aux aléas de la vie.

Apprendre de l'expérience des autres : De nombreuses personnes ne réalisent l'importance d'un fonds d'urgence qu'après avoir traversé une crise financière. En faisant connaître les avantages d'un fonds d'urgence, nous pouvons aider les autres à éviter des situations similaires. Certaines personnes, humiliées par les événements de la vie, regrettent de ne pas avoir écouté ce conseil plus tôt. En évitant la commisération et en prenant des mesures proactives pour constituer un fonds d'urgence, on peut éviter que les catastrophes financières ne s'aggravent en raison d'un manque de préparation.

La réalité de la préparation financière : Malgré les conseils fréquents de maintenir un fonds d'urgence, de nombreuses personnes n'ont toujours pas d'argent épargné ou investi au moment d'une crise financière. Ce manque de préparation s'étend souvent à la couverture des besoins de base , ce qui conduit à des problèmes financiers plus graves. Comprendre la nécessité d'un fonds d'urgence est la première étape pour protéger votre avenir financier.

Qu'est-ce qu'un fonds d'urgence ? : Un fonds d'urgence est tout simplement la solution idéale aux incertitudes de la vie. Ces incertitudes, qu'elles soient planifiées ou non, peuvent avoir des répercussions importantes sur les finances d'un individu ou d'une famille. L'objectif premier d'un fonds d'urgence est d'empêcher qu'une situation temporaire ne devienne un problème financier plus permanent. Il empêche les nombreuses crises de la vie d'épuiser vos ressources financières.

Pourquoi beaucoup de gens ne sont pas proactifs : Malheureusement, beaucoup de gens ne sont pas proactifs lorsqu'il s'agit de constituer un fonds d'urgence. C'est comme regarder quelqu'un sur le point d'être mordu par un serpent alors qu'un signe d'avertissement clair est présent. La plupart des personnes mordues ne tiennent pas compte de l'avertissement. Certains peuvent se mettre en colère et chercher à blâmer les autres, mais en fin de compte, c'est une question de négligence personnelle. Être prévenu des catastrophes financières potentielles est la moitié de la bataille.

Étapes à suivre pour constituer un fonds d'urgence :

1. **Évaluez vos dépenses mensuelles** : Calculez vos dépenses mensuelles, y compris le loyer/l'hypothèque, les services publics, l'épicerie, le transport et d'autres nécessités.

2. **Fixez-vous un objectif d'épargne** : essayez d'épargner suffisamment pour couvrir au moins trois à six mois de dépenses courantes. Ce montant vous servira de coussin financier en cas d'urgence.
3. **Créez un compte d'épargne distinct** : ouvrez un compte d'épargne distinct spécifiquement destiné à votre fonds d'urgence. Cela vous permet de séparer les fonds de vos dépenses habituelles et réduit la tentation de puiser dans le fonds pour les situations non urgentes.
4. **Contribuez régulièrement** : configurez des virements automatiques de votre compte principal vers votre fonds d'urgence. Même de petites contributions régulières peuvent s'accumuler au fil du temps.
5. **Donnez la priorité à votre fonds d'urgence** : Avant de faire des achats discrétionnaires, donnez la priorité à la constitution de votre fonds d'urgence. Une fois que vous aurez atteint votre objectif d'épargne, vous pourrez affecter des fonds à d'autres priorités financières.
6. **Évitez d'utiliser votre fonds d'urgence pour des situations non urgentes** : utilisez votre fonds d'urgence uniquement pour des situations d'urgence réelles, comme une perte d'emploi, des factures médicales ou des dépenses importantes imprévues. Résistez à l'envie d'y puiser pour des achats non essentiels.

Constituer un fonds d'urgence est une démarche proactive vers la sécurité financière. En vous préparant, vous pouvez atténuer l'impact des incertitudes de la vie et vous assurer que les contretemps temporaires ne se transforment pas en problèmes financiers à long terme. N'oubliez pas qu'un homme prévenu en vaut deux : prenez les mesures nécessaires dès aujourd'hui pour protéger votre avenir financier.

CHAPTER 7

Protéger votre patrimoine

Un plan complet d'accumulation et de préservation du patrimoine implique une certaine forme de protection et d'assurance. Il est essentiel de protéger vos actifs et vos revenus contre les événements imprévus. Examinons les différents types d'assurance que vous devriez envisager pour protéger efficacement votre patrimoine.

Assurance habitation, assurance locataire et assurance auto : Ces types d'assurance relèvent du bon sens, mais beaucoup de gens les tiennent pour acquis. Validez la qualité de votre assurance par vous-même. Sachant que vos biens importants y seront garés, ne lésinez pas sur la qualité de votre assurance habitation. Assurez non seulement la maison, mais aussi la valeur de remplacement de tous vos meubles. Malheureusement, c'est souvent le seul moyen de s'assurer que les agents d'assurances paieront en cas de sinistre.

Assurance vie : En matière d'assurance vie, l'approche la plus courante consiste à souscrire les trois assurances : vie, santé et invalidité. L'assurance vie garantit que vos personnes à charge (enfants et/ou conjoint) sont protégées financièrement si quelque chose vous arrive. Il existe deux principaux types d'assurance vie :

1. **Assurance vie temporaire** : offre une couverture pour une période déterminée. Elle est généralement plus abordable et idéale si vous avez des personnes à charge qui dépendent de votre revenu.
2. **Assurance vie permanente** : offre une couverture à vie et comporte un volet investissement. Toutefois, il ne s'agit pas toujours de la meilleure option d'investissement.

Selon l'experte financière Suze Orman, « assurez-vous contre les catastrophes, pas contre les désagréments ». Méfiez-vous du financement (paiement d'intérêts) de votre assurance-vie ou d'autres frais cachés. Demandez une analyse comparative personnalisée des cinq meilleures polices d'assurance pour chaque type d'assurance.

Assurance invalidité : Ce type d'assurance est essentiel, car il protège votre actif le plus précieux : votre revenu. Si l'assurance invalidité n'est pas couverte par votre employeur, il est essentiel de souscrire une certaine forme de couverture. L'assurance invalidité vous permet de maintenir votre stabilité financière dans le cas où vous ne seriez pas en mesure de travailler en raison d'une maladie ou d'une blessure. Les employés du gouvernement fédéral, par exemple, bénéficient d'un régime d'assurance collective pour soins de longue durée (SLD), qui peut constituer un avantage précieux.

Assurance soins de longue durée : L'assurance soins de longue durée (LTC) est conçue pour couvrir les coûts des services de soins de longue durée, tels que les maisons de retraite ou les soins à domicile. Pour les employés du gouvernement fédéral, le Thrift Savings Plan (TSP) offre un prêt à usage général limité lorsqu'ils passent à un statut inactif. Le TSP est considéré comme l'assurance LTC la moins chère et la plus flexible disponible.

Assurance santé : L'assurance santé est essentielle pour couvrir les frais médicaux et garantir l'accès aux services de santé. Il est important de souscrire une police adaptée à vos besoins et offrant une couverture adéquate pour les soins médicaux courants et d'urgence.

Conseils d'assurance :

- **Faites vos recherches** : Comparez différentes polices d'assurance pour trouver la meilleure couverture au prix le plus abordable. Demandez une analyse comparative pour vous aider à prendre une décision éclairée.
- **Comprendre votre couverture** : Assurez-vous de bien comprendre ce qui est couvert par votre police et toutes les exclusions ou limitations.
- **Révisez régulièrement** : Révisez régulièrement vos polices d'assurance pour vous assurer qu'elles répondent toujours à vos besoins. Des changements dans votre vie, comme un mariage, des enfants ou une évolution de carrière, peuvent nécessiter des ajustements à votre couverture.

Protéger votre patrimoine grâce à une assurance est une démarche proactive vers la sécurité financière. En vous assurant d'avoir la couverture adéquate pour vos actifs et vos revenus, vous pouvez atténuer l'impact des incertitudes de la vie et préserver votre avenir financier.

CHAPTER 8

Élaborer un plan de retraite

Lorsque nous envisageons notre approche de la retraite, il est essentiel de reconnaître que vivre plus longtemps signifie planifier une retraite plus longue. L'espérance de vie étant en hausse, prendre sa retraite à 65 ans pourrait nécessiter de financer 20 à 30 ans de dépenses courantes. Si vous choisissez de prendre votre retraite plus tôt, peut-être pour être plus proche de vos enfants et petits-enfants, vous devrez vous préparer à une retraite encore plus longue.

L'importance de la planification précoce : Il est essentiel de commencer tôt à planifier votre retraite et à épargner. Tout comme pour la planification de carrière et l'achat d'une maison, plus tôt vous commencerez, plus il sera facile d'atteindre vos objectifs de retraite. Un dialogue ouvert et des mises à jour régulières de votre plan de retraite peuvent réduire l'inconfort lorsque des ajustements sont nécessaires. Incluez la prochaine génération dans ces discussions, car les choix de carrière et financiers seront de plus en plus transmis au sein des familles.

Envisager votre retraite : La première étape pour planifier votre retraite consiste à imaginer à quoi vous voulez qu'elle ressemble. Alors que les attentes de la société ont traditionnellement dépeint la retraite comme une période de voyages et de loisirs, les professionnels d'aujourd'hui peuvent façonner une retraite qui correspond à leurs désirs. Réfléchissez aux activités qui vous rendent heureux et à celles qui ont du sens pour vous. Connaître ces détails vous permet de planifier votre retraite de manière appropriée, que votre objectif soit de voyager, de faire du bénévolat, de passer du temps avec votre famille ou de continuer à travailler à temps partiel.

Décomposer vos objectifs de retraite :

1. **Planification basée sur les activités** :
    - **Voyages** : Si vous rêvez de voyager, recherchez des destinations et évaluez les coûts impliqués. Tenez compte de la fréquence à laquelle vous prévoyez de voyager et des dépenses associées.
    - **Bénévolat** : Si redonner à la communauté est important pour vous, explorez les possibilités de bénévolat et les coûts associés, tels que le transport ou le matériel.
    - **Du temps en famille** : Si passer du temps avec votre famille est votre priorité, pensez aux coûts des activités, des réunions de famille et éventuellement au soutien financier apporté à vos proches.
    - **Travail à temps partiel** : Si vous envisagez de continuer à travailler d'une manière ou d'une autre, identifiez le type de travail que vous aimez et les revenus qu'il peut générer.
2. **Planification basée sur les coûts** :
    - **Logement** : Déterminez vos besoins en matière de logement et les coûts associés, que vous prévoyiez de réduire vos effectifs, de déménager ou de conserver votre résidence actuelle.

- **Soins de santé** : Tenez compte des dépenses de santé, y compris les primes d'assurance, les frais à votre charge et les soins de longue durée.
- **Mode de vie** : Estimez les dépenses quotidiennes, telles que l'épicerie, les services publics, le transport et les divertissements.
- **Épargne et placements** : Calculez le montant que vous devez épargner et investir pour couvrir vos dépenses de retraite. Tenez compte de facteurs tels que l'inflation, les fluctuations du marché et les changements potentiels dans votre mode de vie.

Inclure la prochaine génération : intégrez votre famille dans vos discussions sur la planification de la retraite. Leur compréhension et leur soutien peuvent faciliter la transition. De plus, éduquer la prochaine génération en matière de planification financière permet de s'assurer qu'elle est préparée pour son avenir.

Révisions et ajustements réguliers : Révisez et mettez à jour régulièrement votre plan de retraite pour tenir compte des changements dans vos objectifs, votre situation financière ou vos circonstances de vie. Cette approche proactive vous aide à rester sur la bonne voie et à apporter les ajustements nécessaires si nécessaire.

Élaborer un plan de retraite, c'est créer une vision de votre avenir et prendre les mesures nécessaires pour y parvenir. En planifiant tôt, en imaginant votre retraite idéale et en incluant votre famille dans le processus, vous pouvez créer une retraite épanouissante et sûre qui reflète vos aspirations.

CHAPTER 9

Planification successorale

La planification successorale est un élément essentiel de la gestion de votre patrimoine, car elle garantit que vos actifs seront répartis selon vos souhaits et contribue à minimiser le fardeau fiscal de la succession à votre décès. En utilisant divers outils et stratégies de planification successorale, vous pouvez protéger vos proches et assurer leur avenir. Examinons quelques aspects essentiels de la planification successorale.

Réduire les impôts sur les successions : Pour réduire la charge fiscale sur votre succession, pensez à utiliser des outils tels que les fiducies révocables entre vifs, les dons annuels et l'attribution de titres appropriés aux actifs. De nombreux États imposent leurs propres impôts sur les successions, il est donc important de minimiser les impôts fédéraux et étatiques. Chaque succession est unique, il est donc conseillé de parler à un avocat spécialisé dans la planification successorale qui pourra vous guider en fonction des lois de votre État.

L'importance d'un testament : Si vous avez des biens à léguer, il est impératif d'avoir un testament qui indique clairement qui recevra quoi à votre décès. La complexité de votre testament peut dépendre du nombre de personnes que vous aimez et de l'étendue de vos biens. Au minimum, assurez-vous de définir des désignations

« POD » (Payable on Death) sur tous vos comptes bancaires. Cette désignation agit comme bénéficiaire pour vos comptes bancaires, permettant à vos héritiers d'accéder aux fonds pour les frais funéraires, les factures et autres coûts immédiats sans avoir à faire face à l'homologation.

Assurance vie : envisagez de souscrire une assurance vie temporaire, surtout si vous avez des personnes à charge qui dépendent de votre revenu. L'assurance vie temporaire apporte un soutien financier à votre famille pendant plusieurs années en cas de décès inattendu. Cela garantit que vos proches sont protégés financièrement et peuvent maintenir leur niveau de vie.

Assurance invalidité : L'assurance invalidité est essentielle pour protéger votre revenu, votre actif le plus précieux . Si votre employeur ne fournit pas d'assurance invalidité, il est important de souscrire votre propre couverture. L'assurance invalidité vous permet de maintenir votre stabilité financière si vous devenez incapable de travailler en raison d'une maladie ou d'une blessure.

Fiducie pour enfants mineurs : La création d'une fiducie pour enfants mineurs est un autre aspect important de la planification successorale. Les fiducies vous permettent de gérer et de protéger les actifs de vos enfants jusqu'à ce qu'ils atteignent l'âge adulte. Vous pouvez préciser comment et quand les actifs sont distribués, en veillant à ce que les besoins de vos enfants soient satisfaits.

Dons annuels : les dons annuels sont une stratégie visant à réduire votre impôt sur la succession en faisant des dons à vos proches chaque année. L'IRS vous permet de faire don d'un certain montant chaque année sans encourir d'impôt sur les donations. Cela réduit non seulement votre fardeau fiscal sur les successions, mais vous permet également de voir vos proches bénéficier de votre générosité de votre vivant.

Titrer correctement les biens : Assurez-vous que vos biens sont correctement titrés. Un titre approprié peut éviter les frais d'homologation et assurer un transfert en douceur des biens à vos héritiers. Par exemple, la copropriété avec droit de survie permet de transmettre directement les biens au propriétaire survivant sans passer par une procédure d'homologation.

Idées reçues : Certaines personnes remettent à plus tard la planification successorale parce qu'elles n'aiment pas penser à leur mort. Cependant, prendre le temps de rencontrer un avocat et de mettre les choses en place correctement peut vous apporter une certaine tranquillité d'esprit. Savoir que vos affaires sont en ordre et que vos proches seront pris en charge peut être très réconfortant.

Étapes pour une planification successorale efficace :

1. **Consultez un avocat** : Travaillez avec un avocat spécialisé dans la planification successorale pour vous assurer que votre plan est juridiquement solide et conforme aux lois de l'État.
2. **Rédigez un testament** : décrivez clairement la répartition de vos biens et désignez des tuteurs pour les enfants mineurs, le cas échéant.
3. **Créer des fiducies** : Créez des fiducies pour gérer et protéger les actifs des enfants mineurs ou d'autres bénéficiaires.
4. **Désigner des bénéficiaires** : attribuer des désignations « POD » sur les comptes bancaires et autres actifs financiers.
5. **Envisagez une assurance vie et invalidité** : protégez vos revenus et subvenez aux besoins de vos personnes à charge grâce à des polices d'assurance appropriées.
6. **Planifiez vos impôts sur les successions** : utilisez des stratégies comme les dons annuels et l'attribution de titres appropriés aux actifs pour minimiser les charges fiscales.

La planification successorale est un processus essentiel qui garantit que votre patrimoine sera géré et distribué selon vos souhaits. En prenant des mesures proactives et en collaborant avec des professionnels, vous pouvez protéger vos proches et assurer leur avenir financier.

CHAPTER 10

Stratégies de planification fiscale

La planification fiscale est un élément essentiel de l'augmentation et de la préservation de votre patrimoine. Une planification fiscale efficace vous permet de minimiser votre impôt à payer, ce qui vous permet de conserver une plus grande partie de votre argent durement gagné. Explorons quelques stratégies et considérations clés pour une planification fiscale efficace.

Comprendre les tranches d'imposition : Pour plus de contexte, voici les tranches d'imposition 2016 pour différents statuts de déclaration :

- **Célibataire** :
  - De 0 à 9 275 $ – 10 %
  - 9 276 $ à 37 650 $ – 15 %
  - 37 651 $ à 91 150 $ – 25 %
  - 91 151 $ à 190 150 $ – 28 %
  - 190 151 $ à 370 300 $ – 33 %
  - 370 301 $ et plus – 39,6 %
- **Marié déclarant conjointement ou veuf(ve) admissible** :
  - De 0 à 18 550 $ – 10 %

  - 18 551 $ à 75 300 $ – 15 %
  - 75 301 $ à 151 900 $ – 25 %
  - 151 901 $ à 231 450 $ – 28 %
  - 231 451 $ à 413 350 $ – 33 %
  - 413 351 $ et plus – 39,6 %
- **Marié déclarant séparément** :
  - De 0 à 9 275 $ – 10 %
  - 9 276 $ à 37 650 $ – 15 %
  - 37 651 $ à 75 950 $ – 25 %
  - 75 951 $ à 115 725 $ – 28 %
  - 115 726 $ à 206 675 $ – 33 %
  - 206 676 $ et plus – 39,6 %
- **Chef de famille** :
  - De 0 à 13 250 $ – 10 %
  - 13 251 $ à 50 400 $ – 15 %
  - 50 401 $ à 130 150 $ – 25 %
  - 130 151 $ à 210 800 $ – 28 %
  - 210 801 $ à 413 350 $ – 33 %
  - 413 351 $ et plus – 39,6 %

Bien que ces chiffres datent de 2016 et que les tranches d'imposition puissent avoir changé, le concept de compréhension de la place de vos revenus dans ces tranches reste crucial pour une planification fiscale efficace.

L'importance de la planification fiscale : La planification fiscale est l'une des étapes les plus importantes de la gestion de patrimoine. L'IRS exige des informations sur vos revenus et vous permet de déduire certaines dépenses pour réduire vos impôts. Bien qu'il puisse sembler que certaines personnes paient plus d'impôts que d'autres, tout le monde paie des impôts en fonction des options légales disponibles. À plus grande échelle, les impôts payés finissent souvent par être assez équitables pour tous. Le milliardaire Warren Buffett a fait remarquer qu'il payait moins d'impôts personnels que bon nombre de ses employés, de sa famille et de ses amis, par rapport aux gains qu'il a réalisés au cours de sa vie.

Principales stratégies de planification fiscale :

1. **Maximisez les déductions et les crédits** :
    - **Détaillez les déductions** : Si vos déductions détaillées sont supérieures à la déduction standard, détaillez-les pour réduire votre revenu imposable.
    - **Crédits d'impôt** : Profitez de crédits d'impôt qui réduisent directement votre impôt à payer. Citons par exemple le crédit d'impôt sur le revenu gagné (EITC) et le crédit d'impôt pour enfant.
2. **Contribuer aux comptes de retraite** :
    - **401(k) et IRA** : les cotisations versées aux comptes de retraite tels que les 401(k) et les IRA sont souvent déductibles des impôts. Ces comptes fructifient également à l'abri de l'impôt jusqu'à ce que vous retiriez les fonds à la retraite.
    - **Roth IRA** : Bien que les cotisations ne soient pas déductibles des impôts, les Roth IRA offrent une croissance libre d'impôt et des retraits libres d'impôt à la retraite.
3. **Utilisez les comptes d'épargne santé (CES)** :
    - Les cotisations versées aux comptes HSA sont déductibles des impôts et les retraits effectués pour couvrir des frais médicaux admissibles sont exonérés d'impôt. Les comptes HSA offrent également une croissance à impôt différé.
4. **Calendrier des revenus et des dépenses** :

- **Reporter le revenu** : Si possible, reportez le revenu à une année future où vous prévoyez être dans une tranche d'imposition inférieure.
- **Accélération des déductions** : Accélérez les dépenses déductibles, telles que les contributions caritatives ou les frais médicaux, dans l'année en cours pour maximiser les déductions.

5. **Investissez dans des comptes fiscalement avantageux** :
   - **Plans 529**: les contributions aux plans d'épargne-études 529 peuvent être déductibles des impôts de l'État, et les retraits pour les dépenses d'éducation admissibles sont exonérés d'impôt.
   - **Obligations municipales** : les revenus d'intérêts provenant des obligations municipales sont souvent exonérés de l'impôt fédéral sur le revenu et peuvent également être exonérés des impôts d'État.
6. **Demandez conseil à un professionnel** :
   - Les lois fiscales peuvent être complexes et sujettes à changement. Travailler avec un fiscaliste peut vous aider à vous y retrouver dans ces complexités et à optimiser votre stratégie de planification fiscale.

Idées reçues : Il est communément admis que certaines personnes paient plus d'impôts que d'autres et que cela est injuste. Pourtant, le système fiscal est conçu pour être aussi équitable que possible dans le cadre des options juridiques disponibles. En comprenant et en utilisant ces options, vous pouvez vous assurer de payer votre juste part tout en minimisant votre impôt à payer.

La planification fiscale est un élément essentiel de la gestion de patrimoine. En maximisant les déductions, en contribuant à des comptes fiscalement avantageux et en recherchant des conseils professionnels, vous pouvez gérer efficacement votre obligation fiscale et améliorer votre bien-être financier.

CHAPTER 11

Établir un score de crédit solide

L'obtention d'un bon score de crédit est essentielle à la santé financière et peut avoir un impact significatif sur vos opportunités financières. Un score de crédit élevé se traduit par des taux d'intérêt plus bas, ce qui rend les prêts et les cartes de crédit plus abordables. Voici comment vous pouvez établir et maintenir un bon score de crédit.

Comprendre les cotes de crédit : Votre cote de crédit est une représentation numérique de votre solvabilité, qui influence votre capacité à obtenir des prêts hypothécaires, des prêts automobiles et d'autres formes de crédit. La différence entre une cote de crédit élevée et une cote de crédit faible peut représenter des centaines de milliers, voire des millions de dollars d'intérêts sur la durée d'un prêt.

Étapes à suivre pour établir un score de crédit solide :

1. **Connaissez votre score de crédit** :
   - Obtenez votre rapport de solvabilité auprès d'Equifax, d'Experian et de TransUnion. Vous pouvez obtenir ces rapports gratuitement une fois par an sur AnnualCreditReport.com

   - Familiarisez-vous avec les facteurs qui déterminent votre pointage de crédit et estimez votre fourchette actuelle.
2. **Historique de paiement (35%)** :
   - L'historique de paiement est le facteur le plus important de votre cote de crédit. Payez toujours vos factures à temps. Si votre cote est actuellement mauvaise ou moyenne, le fait de payer régulièrement vos factures à temps pendant plusieurs années peut améliorer considérablement votre cote.
3. **Utilisation du crédit (30%)** :
   - Il s'agit du rapport entre le solde actuel de votre carte de crédit et votre limite de crédit. Essayez de maintenir votre utilisation du crédit en dessous de 30 %. Si possible, remboursez intégralement le solde de votre carte de crédit chaque mois.
4. **Durée de l'historique de crédit (15 %)** :
   - La durée de votre historique de crédit affecte également votre score. Gardez les comptes les plus anciens ouverts pour conserver un historique de crédit long.
5. **Nouveau Crédit (10%)** :
   - Évitez d'ouvrir plusieurs nouveaux comptes de crédit sur une courte période. Les demandes de nouveaux crédits doivent être faites avec parcimonie et de manière stratégique. Si possible, ne demandez un nouveau crédit qu'une fois tous les deux ans.
6. **Mix de crédit (10%)** :
   - Une combinaison diversifiée de comptes de crédit (cartes de crédit, prêts hypothécaires, prêts automobiles) peut avoir un impact positif sur votre score.

Cependant, n'en souscrivez à un nouveau que si cela est nécessaire et gérable.

Conseils pratiques pour améliorer votre score de crédit :

- **Surveillez votre crédit** : Vérifiez régulièrement votre rapport de crédit pour détecter d'éventuelles erreurs ou inexactitudes et contestez toute information incorrecte.
- **Remboursez vos dettes** : réduisez votre dette globale en vous concentrant d'abord sur le remboursement des comptes à intérêt élevé.
- **Limitez les demandes de renseignements approfondies** : évitez les demandes de renseignements approfondies inutiles sur votre rapport de solvabilité, car elles peuvent temporairement réduire votre score.
- **Configurer des rappels** : utilisez des rappels de paiement ou des paiements automatiques pour vous assurer de ne jamais manquer une date d'échéance.
- **Responsabilité financière** : Démontrer un comportement de crédit responsable au fil du temps pour établir et maintenir un score de crédit solide.

Liberté financière et crédit : Un bon score de crédit est un élément clé pour atteindre la liberté financière. Il vous permet d'accéder à de meilleurs taux d'intérêt, ce qui peut vous permettre d'économiser des sommes importantes sur la durée de vie des prêts et des comptes de crédit. Par exemple, sur une durée de 30 ans pour un prêt de deux millions de dollars , la différence entre un score de crédit élevé et un score faible peut signifier payer jusqu'à 2 000 000 $ de plus en intérêts.

Retraite et objectifs financiers : La liberté financière peut prendre de nombreuses formes, en fonction des objectifs de vie de chacun. Par exemple, une retraite anticipée est possible avec une bonne planification et des sacrifices potentiels. Selon des études, vous avez besoin de cinq millions de dollars pour vivre confortablement avec les dollars d'aujourd'hui si vous prenez votre retraite entre 35 et 65 ans, en espérant vivre jusqu'à 95 ans. Cela suppose un rendement de 8 % sur vos cinq millions de dollars au cours de votre vie. Le Plan d'action pour la liberté financière propose des stratégies complètes pour atteindre une retraite anticipée, couvrant onze domaines clés : contrôler les dettes et les dépenses, gagner de l'argent, gérer les investissements, préserver la santé, gérer les impôts, protéger les actifs (planification successorale), investir dans l'éducation, réseauter, se spécialiser, créer une entreprise/un bien immobilier et améliorer les autres.

L'établissement d'un bon score de crédit est un processus continu qui exige de la diligence et une responsabilité financière. En comprenant les facteurs qui influencent votre score de crédit et en prenant des mesures proactives pour l'améliorer, vous pouvez ouvrir la voie à un avenir financier plus sûr et plus prospère.

CHAPTER 12

Maximiser votre potentiel de carrière

À mesure que l'économie s'améliore et que le chômage baisse, les entreprises seront à la recherche de candidats talentueux et qualifiés. Pour se démarquer sur ce marché du travail compétitif, il est essentiel de maximiser son potentiel de carrière. Voici quelques stratégies pour vous aider à vous faire remarquer et à décrocher l'emploi que vous désirez.

Établir une présence en ligne : Commencez par créer un site Web professionnel qui présente vos réalisations, vos compétences et vos fonctions antérieures. Incluez des vidéos et un portfolio de votre travail. Associez votre site Web à vos profils LinkedIn et Facebook. Cela offre aux employeurs un espace dédié pour en savoir plus sur vos réalisations professionnelles avant de consulter vos profils sur les réseaux sociaux.

Soyez attentif à ce que vous publiez sur les réseaux sociaux. Évitez de partager des opinions politiques ou controversées sur votre page Facebook, car elles ne concernent pas les employeurs potentiels et peuvent compliquer la dynamique du lieu de travail.

Choisir la bonne entreprise : Choisissez une entreprise qui correspond à vos valeurs et à vos objectifs. Recherchez des organisations qui utilisent une technologie de pointe, innovent régulièrement, s'engagent auprès de leurs communautés et ont une base financière solide. Évitez les entreprises qui ont un historique de licenciements inversés, d'instabilité financière ou celles qui sous-payent et surmenent leurs employés. Donnez la priorité à la sécurité et assurez-vous que l'entreprise offre un environnement de travail sûr.

Trouver un emploi qui vous plaît : Si vous avez déjà un emploi que vous aimez, félicitations ! Sinon, il est temps de commencer à en chercher un qui corresponde à vos passions, même si cela signifie accepter un emploi moins bien rémunéré au départ. L'épanouissement et la satisfaction de faire un travail que vous aimez l'emporteront sur le sacrifice financier temporaire.

Rechercher des conseils professionnels : Si vous avez du mal à trouver un bon emploi, pensez à rencontrer un conseiller d'orientation. Il peut vous fournir des informations précieuses, des outils et un logiciel de cartographie mentale pour vous aider à identifier les parcours professionnels et les opportunités d'emploi appropriés. Les jeunes diplômés doivent passer des tests d'évaluation en ligne (dont beaucoup sont gratuits) pour identifier les options de carrière qui correspondent à leurs compétences et à leurs intérêts. Une fois que vous connaissez vos points forts et les emplois qui vous conviennent, concentrez votre recherche d'emploi sur les entreprises pertinentes situées à une distance raisonnable de votre domicile.

Exploiter les opportunités de réseautage : Le réseautage est un outil puissant dans la recherche d'emploi. Participez à des événements sectoriels, rejoignez des organisations professionnelles et établissez des liens avec des personnes de votre domaine. Le réseautage peut vous ouvrir des portes vers des opportunités d'emploi qui ne sont pas annoncées publiquement et peut vous aider à mieux connaître les employeurs potentiels.

Formation continue et développement des compétences : Investissez dans votre développement professionnel en poursuivant vos études et en acquérant de nouvelles compétences. Cela peut impliquer de suivre des cours en ligne, d'obtenir des certifications ou d'assister à des ateliers. Rester au courant des tendances et des technologies du secteur vous rendra plus attrayant aux yeux des employeurs potentiels.

Rédiger un CV et une lettre de motivation efficaces : Votre CV et votre lettre de motivation sont souvent la première impression que vous faites aux employeurs potentiels. Assurez-vous qu'ils sont bien rédigés, sans erreur et adaptés au poste pour lequel vous postulez. Mettez en valeur vos compétences, votre expérience et vos réalisations pertinentes.

Préparation aux entretiens : Entraînez-vous à mener des entretiens simulés avec vos amis, votre famille ou un conseiller d'orientation. Préparez vos réponses aux questions d'entretien courantes et soyez prêt à discuter de votre expérience, de vos compétences et des raisons pour lesquelles vous êtes le candidat idéal pour le poste.

Pour maximiser votre potentiel de carrière, vous devez à la fois établir une forte présence en ligne, choisir la bonne entreprise, trouver un emploi qui vous plaît, rechercher des conseils professionnels, exploiter les opportunités de réseautage, poursuivre vos études, rédiger un CV et une lettre de motivation solides et vous préparer aux entretiens. En suivant ces étapes, vous pouvez améliorer vos perspectives de carrière et atteindre vos objectifs professionnels.

CHAPTER 13

Développer la discipline financière

La discipline financière est la pierre angulaire de la constitution d'un patrimoine. Elle implique de prendre des décisions financières prudentes de manière cohérente, d'épargner régulièrement et d'éviter les dépenses inutiles. Explorons des stratégies efficaces pour développer une discipline financière solide.

Récompenser la réussite financière : Larry Winget, dans son livre « You're Broke Because You Want To Be », suggère de se récompenser après avoir atteint des objectifs d'épargne précis. Par exemple, après avoir économisé 500 $, offrez-vous quelque chose que vous aimez. Ce renforcement positif encourage l'épargne continue et la discipline financière. Winget conseille également d'allouer la moitié de toute manne (revenu inattendu) à l'épargne tout en vous autorisant à dépenser l'autre moitié pour ce que vous désirez. Cette approche équilibrée vous permet de profiter de vos gains financiers tout en augmentant votre épargne.

Le cycle de constitution de patrimoine de 20 % : Développer une discipline financière fait partie du cycle plus large de constitution de patrimoine. En épargnant régulièrement une partie de vos revenus et en supprimant la moitié de toutes les rentrées d'argent inattendues pour l'épargne, vous posez les bases d'étapes plus avancées d'accumulation de patrimoine. Une épargne constante et une gestion financière prudente facilitent l'atteinte des objectifs financiers à long terme.

Le pouvoir du renforcement positif : Stephen Covey, auteur et conférencier de renom, souligne l'importance de récompenser les efforts déployés pour développer de bonnes habitudes. Même lorsque les individus ne répondent pas aux attentes, la reconnaissance de leurs efforts peut les motiver à poursuivre leurs efforts. Fixer des objectifs réalistes en fonction des capacités individuelles ou organisationnelles et encourager les gens à se surpasser, plutôt qu'à rivaliser avec les autres, favorise un environnement propice à la croissance.

Le modèle du système scolaire finlandais : Le système scolaire finlandais adopte une stratégie de « l'excellence personnelle », qui met l'accent sur les progrès individuels plutôt que sur la compétition. Cette approche se traduit par des degrés de réussite variables plutôt que par de mauvais résultats aux examens. En comparant les performances personnelles à leurs meilleurs résultats précédents, les individus sont motivés à s'améliorer continuellement sans la pression de la compétition avec les autres.

Démonstration de discipline de Covey : Dans son séminaire sur la planification successorale, Stephen Covey a démontré le concept de discipline au moyen d'un exercice simple. Il a demandé aux participants de marcher en ligne droite, les yeux ouverts, ce qu'ils ont tous fait avec succès. Lorsqu'on leur a demandé de répéter la tâche les yeux fermés, beaucoup ont dévié. Covey a ensuite ajouté une incitation : un billet de 100 $ au bout de la ligne. Avec la promesse d'une récompense, la plupart des participants ont réussi à marcher en ligne droite sans trop dévier. Cet exercice montre que les gens sont souvent disciplinés par l'espoir d'une récompense. En fixant des récompenses tangibles pour les étapes financières franchies, vous pouvez améliorer votre discipline financière.

Étapes pratiques pour développer la discipline financière :

1. **Fixez-vous des objectifs financiers clairs** : définissez vos objectifs financiers à court et à long terme. Des objectifs clairs vous permettent de vous orienter et de vous motiver.
2. **Créez un budget** : suivez minutieusement vos revenus et vos dépenses. Un budget vous aide à comprendre où va votre argent et à identifier les domaines dans lesquels vous pouvez réduire les coûts.
3. **Automatisez l'épargne** : configurez des virements automatiques vers vos comptes d'épargne et de placement. Cela garantit qu'une partie de vos revenus est épargnée avant que vous ayez la possibilité de la dépenser.
4. **Évitez les achats impulsifs** : Pratiquez des achats réfléchis en évitant les achats impulsifs. Attendez au moins 24 heures avant de faire des achats non essentiels pour déterminer s'ils sont vraiment nécessaires.
5. **Suivre les progrès** : examinez régulièrement vos progrès financiers. Célébrez les étapes importantes et ajustez vos stratégies si nécessaire pour rester sur la bonne voie.
6. **Formez-vous** : Améliorez continuellement vos connaissances financières. Lisez des livres, assistez à des séminaires et demandez conseil à des experts financiers pour prendre des décisions éclairées.

Développer une discipline financière nécessite des efforts constants et une approche stratégique. En récompensant vos succès, en vous fixant des objectifs réalistes et en pratiquant des dépenses réfléchies, vous pouvez construire une base solide pour la stabilité financière et la richesse à long terme.

CHAPTER 14

Créer un réseau de soutien

Il est essentiel de bâtir un réseau de soutien solide pour toute personne en voie d'indépendance financière. S'entourer de personnes partageant les mêmes idées et les mêmes objectifs peut vous apporter motivation, responsabilité et informations précieuses. Explorons quelques stratégies pour créer et entretenir une communauté solidaire.

Le modèle Lambo Retreat : Une approche innovante pour créer un réseau de soutien est le modèle « Lambo Retreat ». Tous les six mois, les membres de la communauté FL26 de différentes régions du pays se réunissent et louent une grande propriété de vacances. En partageant une belle maison de vacances spacieuse et parfois originale, les participants économisent de l'argent, de l'énergie et de la force mentale tout en renforçant leurs partenariats. Ce modèle rentable permet d'améliorer au maximum le style de vie grâce à des expériences et des collaborations partagées.

Créer une liste de personnes avec qui il faut absolument passer du temps : La communauté de l'indépendance financière est connue pour sa capacité à améliorer les progrès grâce à la collaboration. La liste FL26 2016 des personnes avec qui il faut absolument passer du temps a été créée pour identifier les personnes qui contribuent de manière significative à votre parcours. Passer du temps directement avec ces personnes est inestimable. Leur soutien, leurs connaissances et leurs encouragements peuvent accélérer votre chemin vers l'indépendance financière.

La retraite Lambo50 : À l'automne 2013, les blogueurs Ryan et Amanda Lange, Steve et Courtney Adcock, ainsi qu'Allison et moi-même avons participé à une retraite organisée par nos amis Jim et Lisa. Nous l'avons appelée la retraite Lambo50. L'expérience a été si marquante que Jim et moi avons ensuite créé notre propre podcast et décidé d'organiser une rencontre de trois jours. Ces rassemblements nous ont permis d'élaborer des plans de domination du monde tout en aidant d'autres personnes en quête d'indépendance financière. De telles retraites favorisent des liens profonds et offrent une plateforme pour partager des stratégies et des idées.

Le pouvoir des relations intimes : Lors du Camp FI de mars 2015, j'ai eu une conversation éclairante avec Brian et Lynn du blog « The Next Ten Words ». Lynn a souligné que les personnes qui s'efforcent d'atteindre l'indépendance financière ont besoin de temps de connexion intime avec ceux qui poursuivent des objectifs similaires. Cette idée a fait écho en moi et je l'ai prise à cœur à mon retour à la maison. En donnant la priorité aux relations intimes, j'ai vécu mon année la plus productive en matière de travail indépendant et de bonheur.

Étapes pratiques pour créer un réseau de soutien :

1. **Rejoignez les communautés concernées** :
    - Participez à des forums en ligne, à des groupes sur les réseaux sociaux et à des rencontres locales axées sur l'indépendance financière. Ces plateformes offrent des op-

portunités de se connecter avec des personnes partageant les mêmes idées.

2. **Participez aux ateliers et conférences** :
   - Participez à des événements tels que Camp FI, FinCon et d'autres conférences sur l'indépendance financière. Ces rassemblements offrent de précieuses opportunités de réseautage et une chance d'apprendre auprès d'experts du domaine.
3. **Créez vos propres rencontres** :
   - Organisez des rencontres ou des séminaires locaux avec d'autres personnes en quête d'indépendance financière. Ces rencontres plus petites et plus intimes peuvent favoriser des liens plus profonds et des échanges plus significatifs.
4. **Exploiter la technologie** :
   - Utilisez des outils comme Zoom, Slack et WhatsApp pour rester en contact avec votre réseau de soutien, en particulier si les membres sont dispersés géographiquement. Les réunions virtuelles peuvent entretenir et renforcer les relations.
5. **Soyez sélectif et intentionnel** :
   - Entourez-vous de personnes qui vous inspirent et vous stimulent. Choisissez judicieusement les personnes avec lesquelles vous passez du temps et assurez-vous qu'elles contribuent positivement à votre parcours.
6. **Participez à des groupes Mastermind** :
   - Rejoignez ou créez des groupes de réflexion où les membres se réunissent régulièrement pour discuter des objectifs, partager les progrès et fournir des commentaires. Ces groupes offrent une responsabilisation et des perspectives diverses.

Conclusion : Pour atteindre l'indépendance financière, il est essentiel de bâtir un réseau de soutien solide. En créant des liens intentionnels, en participant à des rassemblements significatifs et en exploitant le pouvoir de la communauté, vous pouvez améliorer vos progrès et profiter d'un parcours plus épanouissant. N'oubliez pas qu'un bon réseau de soutien peut faire toute la différence pour atteindre vos objectifs financiers.

DIVERSIFIER VOS INVESTISSEMENTS

CHAPTER 15

La diversification est la pierre angulaire d'un investissement réussi. Elle vous aide à constituer une base d'actifs solide tout en minimisant les risques. En répartissant vos investissements sur divers actifs et secteurs, vous réduisez l'impact d'une mauvaise performance d'un seul investissement. Examinons ensemble des stratégies efficaces pour diversifier vos investissements.

Commencez par le plan d'épargne-retraite de votre employeur : Lorsque vous débutez votre carrière, vous vivez peut-être d'un chèque de paie à l'autre, avec des fonds limités à investir. Cependant, de nombreux employeurs proposent des plans d'épargne-retraite avec des cotisations de contrepartie de l'entreprise. Participer à ces plans est un excellent moyen de commencer à constituer votre portefeuille de placements. Plus tôt vous commencerez, mieux ce sera, car vous bénéficierez du pouvoir de la capitalisation au fil du temps.

Si vous avez accès à un régime d'épargne-retraite en milieu de travail, inscrivez-vous dès que vous y êtes admissible et cotisez autant que vous le pouvez. Les cotisations patronales peuvent augmenter considérablement votre épargne, alors profitez pleinement de cet avantage.

Pourquoi la diversification est importante : La diversification est essentielle car elle réduit le risque global et la volatilité de votre portefeuille. Au lieu de placer tout votre argent dans un seul investissement, vous le répartissez sur plusieurs types d'investissement et sociétés. De cette façon, si un investissement obtient de mauvais résultats, vos autres investissements peuvent contribuer à compenser les pertes.

Stratégies de diversification :

1. **Répartition entre les classes d'actifs** :
   - **Actions** : Investissez dans un mélange d'actions à grande, moyenne et petite capitalisation dans divers secteurs.
   - **Obligations** : Incluez des obligations gouvernementales, municipales et d'entreprises pour ajouter de la stabilité et des revenus à votre portefeuille.
   - **Immobilier** : Envisagez des investissements immobiliers, tels que les FPI (Fonds de placement immobilier), pour vous exposer au marché immobilier.
   - **Matières premières** : Investissez dans des matières premières comme l'or, l'argent et le pétrole pour vous protéger contre l'inflation et la volatilité du marché.
2. **Diversifier les classes d'actifs** :
   - **Actions** : Investissez dans différents secteurs tels que la technologie, la santé, la finance et les biens de consommation.
   - **Obligations** : Comprend un mélange d'obligations à court, moyen et long terme avec des notations de crédit variables.
   - **Immobilier** : Diversifiez-vous en investissant dans des propriétés résidentielles, commerciales et industrielles.
3. **Diversification géographique** :
   - **Investissements nationaux et internationaux** : Investissez sur les marchés nationaux et internationaux pour réduire les risques géopolitiques.

    - **Marchés émergents** : envisagez d'investir une partie de votre portefeuille dans les marchés émergents pour un potentiel de croissance plus élevé.
4. **Véhicules d'investissement** :
    - **Fonds communs de placement et FNB** : Ces fonds vous permettent d'investir dans un portefeuille diversifié d'actions, d'obligations ou d'autres actifs avec un seul achat.
    - **Fonds indiciels** : Les fonds indiciels suivent un indice de marché spécifique, offrant une large exposition au marché et des frais moins élevés.
5. **Investissements alternatifs** :
    - **Private Equity** : Investissez dans des entreprises privées ou des start-ups pour des rendements potentiellement élevés.
    - **Hedge Funds** : Ces fonds utilisent diverses stratégies pour générer des rendements, souvent décorrélés des marchés traditionnels.
    - **Crypto-monnaies** : Pour ceux qui ont une tolérance au risque plus élevée, envisagez d'allouer une petite partie de votre portefeuille aux crypto-monnaies.

Rééquilibrez votre portefeuille : examinez et rééquilibrez régulièrement votre portefeuille pour maintenir la répartition d'actifs souhaitée. Certains placements étant plus performants que d'autres, votre portefeuille peut devenir déséquilibré. Le rééquilibrage vous permet de continuer à respecter votre stratégie de placement et votre tolérance au risque.

Conclusion : La diversification de vos placements est essentielle pour minimiser les risques et atteindre vos objectifs financiers à long terme. En répartissant vos placements entre différentes classes d'actifs, secteurs et régions géographiques, vous pouvez constituer un portefeuille résilient capable de résister aux fluctuations du marché. Commencez par le régime d'épargne-retraite de votre employeur et mettez progressivement en œuvre ces stratégies de diversification pour faire fructifier votre patrimoine en toute sécurité.

CHAPTER 16

Investissement immobilier

L'immobilier peut être un moyen fiable et stable de faire fructifier votre patrimoine, surtout si vous prévoyez de rester au même endroit pendant une période prolongée. Cependant, pour ceux qui aiment voyager et préfèrent un style de vie plus flexible, investir dans des fiducies de placement immobilier (FPI) peut offrir les avantages des investissements immobiliers sans avoir à gérer des propriétés physiques.

Fonds de placement immobilier (FPI) : Les FPI sont des fonds d'investissement qui possèdent et exploitent des biens immobiliers générateurs de revenus. Ils distribuent des dividendes aux investisseurs, comme d'autres produits de placement, mais se concentrent spécifiquement sur l'immobilier. Investir dans un portefeuille de FPI qui couvre différents secteurs du marché, comme les unités résidentielles de banlieue, les propriétés industrielles et l'immobilier commercial, vous permet de maintenir la mobilité tout en bénéficiant de la stabilité des investissements immobiliers.

Avantages des REIT :

- **Diversification** : les FPI vous permettent d'investir dans différents types de biens immobiliers sur différents marchés, réduisant ainsi les risques.
- **Liquidité** : Contrairement aux biens physiques, les FPI peuvent être achetées et vendues en bourse, offrant ainsi de la liquidité.
- **Revenus** : les FPI versent généralement des dividendes réguliers, fournissant ainsi un flux de revenus stable.
- **Gestion professionnelle** : Les FPI sont gérées par des professionnels, ce qui vous évite de devoir gérer des propriétés et des locataires.

Investissements immobiliers directs : Bien que les FPI offrent de nombreux avantages, les investissements immobiliers directs peuvent également constituer un ajout précieux à votre portefeuille. Cependant, posséder des propriétés physiques implique une gestion plus pratique et des risques potentiels.

Avantages des investissements immobiliers directs :

- **Appréciation** : Les biens immobiliers ont tendance à s'apprécier au fil du temps, offrant ainsi des gains en capital.
- **Contrôle** : Être propriétaire d'un bien vous donne le contrôle sur sa gestion et ses améliorations potentielles.
- **Avantages fiscaux** : Les investisseurs immobiliers peuvent bénéficier de déductions fiscales pour les intérêts hypothécaires, les taxes foncières et l'amortissement.

Les défis des investissements immobiliers directs :

- **Responsabilités de gestion** : Être propriétaire d'une propriété implique la gestion des locataires, l'entretien et les réparations, ce qui peut prendre du temps et coûter cher.
- **Volatilité du marché** : Bien que l'immobilier soit généralement plus stable que les actions, la valeur des propriétés peut néanmoins fluctuer en fonction des conditions du marché.
- **Problèmes de liquidité** : La vente d'un bien immobilier peut prendre du temps et vous risquez de ne pas pouvoir accéder rapidement à votre investissement.

Comparaison de l'immobilier et des actions : Bien que l'immobilier et les actions offrent tous deux des possibilités d'appréciation et de revenus, ils diffèrent en termes de volatilité et d'exigences de gestion. Les actions peuvent être très volatiles, les prix fluctuant en fonction des conditions du marché, des performances de l'entreprise et du sentiment des investisseurs. L'immobilier, en revanche, est souvent plus stable et prévisible, ce qui en fait un investissement plus sûr pour l'accumulation de richesses à long terme.

Cependant, les investissements immobiliers comportent leur lot de risques, notamment en ce qui concerne la gestion des biens immobiliers. Les locataires et l'entretien des biens peuvent transformer les actifs en passifs s'ils ne sont pas gérés correctement. Il est essentiel de trouver un équilibre entre les récompenses potentielles et les responsabilités et les risques pour réussir un investissement immobilier.

Conclusion : L'investissement immobilier peut être un outil puissant pour créer du patrimoine, que ce soit par le biais de la propriété directe d'un bien ou d'un investissement dans des FPI. En comprenant les avantages et les défis de chaque approche, vous pouvez prendre des décisions éclairées qui correspondent à vos objectifs financiers et à vos préférences de style de vie. La diversification de vos investissements dans différentes classes d'actifs, y compris l'immobilier, peut assurer la stabilité et le potentiel de croissance de votre portefeuille.

CHAPTER 17

Investissement en bourse

La bourse est souvent considérée comme l'un des meilleurs outils de création de richesse, grâce à la puissance des rendements composés. Voyons comment l'investissement en bourse peut vous aider à créer un patrimoine à long terme et comment commencer.

Le pouvoir de la capitalisation : Les taux de rendement composés font référence au pourcentage d'augmentation annuelle du prix d'une action. Par exemple, le taux de croissance annuel composé (TCAC) du S&P 500 est d'environ 9,8 % sur le long terme. Cela signifie que si vous investissez dans le S&P 500 et conservez votre investissement pendant les 20 prochaines années, vous pouvez vous attendre à un rendement annuel moyen de 9,8 % après prise en compte de l'inflation et des impôts. Plus tôt vous commencerez à investir, plus vous pourrez bénéficier de l'effet de capitalisation, car vos rendements généreront d'autres rendements au fil du temps. Ce principe est l'une des principales raisons pour lesquelles les riches s'enrichissent, car les sommes d'argent plus importantes ont plus de potentiel de croissance significative au fil du temps.

Pourquoi investir en bourse : La bourse est le paradis des investisseurs, car elle offre un excellent moyen de bâtir un patrimoine à long terme avec un risque relativement faible. L'histoire a montré que, sur le long terme, les actions constituent la classe d'actifs la plus performante. Cependant, de nombreuses personnes hésitent à investir en bourse en raison des risques perçus et du manque de connaissances sur la manière de s'y prendre. Il est important de se rappeler que, même si les actions ne sont pas sans risque, elles offrent un potentiel de rendement plus élevé que les comptes d'épargne, qui croissent souvent à un taux inférieur à l'inflation.

Principes clés pour investir en bourse :

1. **Commencez tôt** :
   - Plus tôt vous commencez à investir, plus votre argent aura le temps de fructifier. Même les petits investissements peuvent générer des rendements importants au fil des décennies.
2. **Diversifiez votre portefeuille** :
   - La diversification est essentielle pour gérer les risques. Répartissez vos investissements sur plusieurs secteurs et classes d'actifs pour réduire l'impact d'une mauvaise performance d'un investissement donné.
3. **Investir à long terme** :
   - L'investissement en bourse est particulièrement adapté aux objectifs à long terme. Évitez d'essayer de prévoir l'évolution du marché et concentrez-vous plutôt sur la détention d'investissements de qualité sur le long terme.
4. **Réinvestir les dividendes** :
   - Le réinvestissement des dividendes peut améliorer considérablement vos rendements au fil du temps. De nombreuses entreprises proposent des plans de réinvestissement des dividendes (DRIP) qui vous permettent de réinvestir automatiquement vos dividendes.
5. **Renseignez-vous** :

  - Prenez le temps de vous renseigner sur le marché boursier, les différents types d'actions et les stratégies d'investissement. Ces connaissances vous aideront à prendre des décisions éclairées et à renforcer votre confiance dans vos investissements.

Premiers pas avec l'investissement en bourse :

1. **Ouvrir un compte d'investissement** :
   - Pour acheter des actions, vous devez ouvrir un compte de courtage. De nombreux courtiers en ligne proposent des plateformes conviviales avec des ressources pédagogiques pour vous aider à démarrer.
2. **Définir des objectifs d'investissement** :
   - Définissez vos objectifs d'investissement, qu'il s'agisse d'épargner pour la retraite, d'acheter une maison ou de constituer un fonds d'urgence. Vos objectifs guideront votre stratégie d'investissement.
3. **Choisissez vos investissements** :
   - Commencez par des fonds indiciels à large assise ou des ETF (fonds négociés en bourse) qui suivent la performance des principaux indices boursiers comme le S&P 500. Ces fonds offrent une diversification et sont relativement peu coûteux.
4. **Automatisez vos investissements** :
   - Configurez des versements automatiques sur votre compte de placement pour garantir un investissement régulier . La méthode d'achats périodiques, qui consiste à investir régulièrement un montant fixe, peut contribuer à atténuer la volatilité du marché.
5. **Surveillez et rééquilibrez votre portefeuille** :

- Révisez régulièrement votre portefeuille pour vous assurer qu'il correspond à vos objectifs et à votre tolérance au risque. Rééquilibrez votre portefeuille régulièrement pour maintenir la répartition d'actifs souhaitée.

Conclusion : L'investissement en bourse est un outil puissant pour bâtir un patrimoine à long terme. En commençant tôt, en diversifiant vos investissements et en vous concentrant sur des objectifs à long terme, vous pouvez exploiter la puissance des rendements composés pour atteindre la réussite financière. Renseignez-vous, restez discipliné et profitez des opportunités offertes par le marché boursier.

CHAPTER 18

Créer une entreprise

Le principe de la création d'entreprise comme voie vers la liberté financière est simple. Les entreprises ont toujours été, et seront toujours, une puissante plateforme de création de richesse. Explorons les différents types de structures commerciales et leur potentiel de gain .

Le pouvoir de l'entrepreneuriat : Lorsque j'ai décidé de me libérer des contraintes financières, je me suis tourné vers Internet pour trouver des conseils. Au début, j'ai rencontré un mélange de personnes qui essayaient de me vendre quelque chose. Cependant, en approfondissant mes recherches, j'ai découvert la véritable clé de la liberté financière : créer une entreprise. C'est beaucoup de travail, mais les affaires offrent des opportunités inégalées d'indépendance financière.

Types de structures commerciales :

1. **Entreprise individuelle** :
    - **Présentation** : Une entreprise individuelle est la forme la plus simple de structure commerciale, où une seule personne possède et exploite l'entreprise. Ce type d'entreprise est facile à créer et donne au propriétaire un contrôle total.

  - **Potentiel de gain** : Bien que les entreprises individuelles puissent être très rentables, elles impliquent également une responsabilité personnelle pour les dettes et les obligations. Le succès dépend souvent de la capacité du propriétaire à gérer et à développer efficacement l'entreprise.

2. **Partenariat** :
   - **Présentation** : Un partenariat implique deux ou plusieurs personnes qui partagent la propriété et l'exploitation de l'entreprise. Les partenariats peuvent combiner les compétences et les ressources de plusieurs personnes, ce qui peut conduire à un potentiel de revenus potentiellement plus élevé.
   - **Potentiel de gain** : Les bénéfices sont partagés entre les partenaires conformément à l'accord de partenariat. Bien que les partenariats puissent être lucratifs, il est essentiel d'avoir des accords clairs pour éviter les conflits et assurer le bon fonctionnement de l'entreprise.
3. **Société** :
   - **Présentation** : Une société est une structure commerciale plus complexe, juridiquement distincte de ses propriétaires. Elle offre une protection à responsabilité limitée et peut lever des capitaux par la vente d'actions.
   - **Potentiel de gain** : Les entreprises ont un potentiel de gain important, surtout si elles se développent et attirent des investisseurs. Cependant, elles doivent également faire face à davantage d'exigences réglementaires et de responsabilités administratives.

Créer une entreprise secondaire : vous n'avez pas besoin de créer une méga-entreprise pour atteindre la liberté financière. Créer une entreprise secondaire peut être un excellent moyen de compléter vos revenus et de créer de la richesse. Cette approche vous permet de conserver votre emploi actuel tout en explorant les opportunités entrepreneuriales.

Étapes pour démarrer une entreprise :

1. **Identifiez votre idée d'entreprise** :
   - Tenez compte de vos compétences, de vos intérêts et de la demande du marché. Choisissez une idée d'entreprise qui correspond à vos passions et qui a un potentiel de croissance.
2. **Réaliser une étude de marché** :
   - Étudiez votre marché cible, vos concurrents et les tendances du secteur. Comprendre le paysage du marché vous aidera à élaborer un plan d'affaires solide.
3. **Créer un Business Plan** :
   - Un plan d'affaires décrit vos objectifs commerciaux, vos stratégies et vos projections financières. Il sert de feuille de route pour votre entreprise et peut vous aider à obtenir un financement.
4. **Inscrivez votre entreprise** :
   - Choisissez un nom d'entreprise et enregistrez-le auprès des autorités gouvernementales compétentes. Selon la structure de votre entreprise, vous devrez peut-être également obtenir des licences et des permis.
5. **Financement sécurisé** :
   - Déterminez vos coûts de démarrage et étudiez les options de financement, telles que l'épargne personnelle, les prêts ou les investisseurs. Disposer d'un capital adéquat est essentiel pour lancer et développer votre entreprise.

6. **Configurez vos opérations** :
   - Établissez vos activités commerciales, y compris l'emplacement, l'équipement et la technologie. Assurez-vous de disposer de systèmes de gestion des finances, du marketing et du service client.
7. **Lancez et faites la promotion de votre entreprise** :
   - Une fois que tout est en place, lancez votre entreprise et faites-en la promotion auprès de votre public cible. Utilisez des stratégies marketing comme les réseaux sociaux, la publicité et le réseautage pour attirer des clients.

Conclusion : Créer une entreprise est un moyen efficace d'atteindre la liberté financière. Que vous choisissiez de créer une entreprise individuelle, une société de personnes ou une société par actions, l'entrepreneuriat offre d'innombrables possibilités de croissance et de création de richesse. En créant une activité secondaire, vous pouvez progressivement passer à l'entrepreneuriat à temps plein et profiter des avantages de l'indépendance financière.

CHAPTER 19

Créer des flux de revenus passifs

Créer des sources de revenus passifs est essentiel pour atteindre la liberté financière. Les revenus passifs désignent l'argent qui travaille pour vous, vous permettant de générer des revenus avec un minimum d'effort actif. En diversifiant vos sources de revenus passifs, vous pouvez construire une base financière stable et fiable. Explorons différentes sources de revenus passifs et comment les exploiter efficacement.

Comprendre le revenu passif : Le revenu passif provient d'activités auxquelles vous ne participez pas matériellement. Cela comprend les revenus locatifs des propriétés, les dividendes des investissements en actions, les intérêts des comptes d'épargne et d'autres sources de revenus qui ne nécessitent pas de travail continu. La clé du revenu passif est que votre argent continue à générer des revenus pour vous, vous permettant de poursuivre vos objectifs et de profiter de la liberté financière.

Principales sources de revenus passifs :

1. **Investissement axé sur la croissance des dividendes** :

- L'investissement axé sur la croissance des dividendes consiste à acheter des actions qui versent régulièrement des dividendes et dont les versements ont tendance à augmenter. Cette stratégie vous permet de constituer un portefeuille qui génère un flux de revenus régulier. De nombreux investisseurs travaillent avec un expert-comptable agréé (CPA) pour concevoir des méthodes de retrait qui maximisent les revenus avec un minimum d'effort une fois la retraite commencée. Les comptes d'investissement américains fiscalement avantageux peuvent également vous aider à optimiser vos ressources de retraite.

2. **Investissements immobiliers** :
    - **Propriétés locatives** : Posséder des propriétés locatives constitue une source fiable de revenus passifs. Les revenus locatifs peuvent couvrir les dépenses liées à la propriété et générer des flux de trésorerie supplémentaires.
    - **Fonds de placement immobilier (FPI)** : les FPI vous permettent d'investir dans l'immobilier sans posséder de biens physiques. Elles distribuent des dividendes aux investisseurs, leur fournissant ainsi un flux de revenus régulier.
    - **Valeur nette du logement** : La valeur nette du logement peut être un actif précieux qui génère des revenus locatifs ou peut être utilisé pour d'autres investissements.
3. **Intérêts des comptes d'épargne et des comptes du marché monétaire** :
    - Bien que les taux d'intérêt sur les comptes d'épargne et les comptes du marché monétaire soient relativement

bas, ils constituent néanmoins une source sûre et stable de revenus passifs. Ces comptes sont essentiels pour préserver le capital tout en générant des intérêts.

4. **Épargne-retraite** :
   - Les régimes de retraite offrent un revenu garanti à la retraite. Cotiser à des régimes de retraite tout au long de votre carrière peut vous assurer une source de revenu fiable pour vos vieux jours.
5. **Comptes d'investissement fiscalement avantageux** :
   - Investir dans des comptes fiscalement avantageux tels que les IRA et les 401(k) permet à votre argent de croître en franchise d'impôt ou avec report d'impôt. Ces comptes peuvent fournir des revenus importants à la retraite.

Créer un portefeuille de revenus passifs diversifié : Pour atteindre la liberté financière, il est important de diversifier vos sources de revenus passifs. Cela réduit les risques et garantit un flux de revenus stable quelles que soient les conditions du marché. Voici quelques étapes pour créer un portefeuille de revenus passifs diversifié :

1. **Identifiez vos objectifs de revenus** :
   - Déterminez le montant de revenu passif dont vous avez besoin pour atteindre la liberté financière. Cela guidera votre stratégie d'investissement et votre répartition d'actifs.
2. **Créer un portefeuille équilibré** :
   - Diversifiez vos investissements entre différentes catégories d'actifs, comme les actions, les obligations, l'immobilier et les placements alternatifs. Cet équilibre

permet d'atténuer les risques et de maximiser les rendements.

3. **Automatisez vos investissements** :
    - Configurez des versements automatiques sur vos comptes d'investissement. L'automatisation garantit la cohérence et tire parti de la méthode du coût moyen par dollar dépensé.
4. **Réinvestissez vos gains** :
    - Réinvestissez les dividendes, les intérêts et les revenus locatifs pour accroître vos rendements. Cela accélère la croissance de vos revenus passifs au fil du temps.
5. **Surveillez et ajustez votre portefeuille** :
    - Révisez régulièrement votre portefeuille pour vous assurer qu'il correspond à vos objectifs de revenu et à votre tolérance au risque. Procédez aux ajustements nécessaires pour optimiser les performances.

Conclusion : Créer des flux de revenus passifs est une stratégie efficace pour atteindre la liberté financière. En investissant dans des actions à dividendes croissants, dans l'immobilier, dans des comptes d'épargne, des pensions et des comptes fiscalement avantageux , vous pouvez créer un portefeuille diversifié qui génère un revenu stable avec un minimum d'effort. La clé est de commencer tôt, d'automatiser vos investissements et de réinvestir continuellement vos gains. Avec une stratégie de revenu passif solide, vous pouvez profiter de la sécurité financière et poursuivre vos rêves en toute confiance.

CHAPTER 20

Investir dans des fonds communs de placement

Investir dans des fonds communs de placement est une stratégie efficace pour atteindre vos objectifs financiers à long terme. Les fonds communs de placement vous permettent de diversifier vos investissements dans une large gamme d'actifs, ce qui peut contribuer à réduire les risques et à augmenter les rendements potentiels. Examinons les éléments essentiels de l'investissement dans les fonds communs de placement et la façon de l'intégrer à votre plan financier.

Comprendre les fonds communs de placement : Un fonds commun de placement est un fonds commun de placement qui rassemble des sommes d'argent collectées auprès de plusieurs investisseurs pour investir dans un portefeuille diversifié d'actions, d'obligations ou d'autres titres. Chaque investisseur détient des parts du fonds commun de placement, représentant une partie des avoirs du fonds. Des gestionnaires de fonds professionnels supervisent les investissements du fonds et prennent des décisions en fonction des objectifs et des stratégies du fonds.

Avantages d'investir dans des fonds communs de placement :

1. **Diversification** :
    - Les fonds communs de placement offrent une diversification instantanée en investissant dans une large gamme de titres. Cela réduit le risque de pertes importantes sur un seul investissement.
2. **Gestion professionnelle** :
    - Des gestionnaires de fonds expérimentés prennent en charge les décisions d'investissement, vous permettant ainsi d'économiser le temps et les efforts nécessaires à la recherche et à la gestion des investissements individuels.
3. **Accessibilité** :
    - Les fonds communs de placement sont accessibles aux investisseurs individuels, souvent avec des exigences d'investissement minimum inférieures à celles des autres véhicules d'investissement.
4. **Liquidité** :
    - Les fonds communs de placement peuvent être achetés et vendus n'importe quel jour ouvrable, offrant ainsi liquidité et flexibilité aux investisseurs.

Créer un énoncé de politique de placement (EPP) : Pour guider vos investissements dans des fonds communs de placement, créez un énoncé de politique de placement (EPP). Ce document décrit vos objectifs de placement, votre tolérance au risque, votre horizon temporel et votre stratégie de répartition de l'actif. Un EPP sert de feuille de route pour vos décisions de placement, vous aidant à rester concentré sur vos objectifs à long terme.

Évaluation des choix d'investissement clés : Dans le cadre de votre stratégie d'investissement globale, évaluez les choix d'investissement suivants qui dominent généralement le portefeuille d'un investisseur :

1. **Plans 401(k) des employeurs** :
   - Profitez des régimes de retraite parrainés par votre employeur, qui comprennent souvent des cotisations de contrepartie. Maximisez vos cotisations pour bénéficier d'une croissance à l'abri de l'impôt.
2. **Comptes de retraite individuels (IRA)** :
   - Les IRA offrent des avantages fiscaux pour l'épargne-retraite. Envisagez à la fois les IRA traditionnels et Roth en fonction de votre situation fiscale actuelle et de vos attentes futures.
3. **Régimes de retraite à prestations déterminées** :
   - Si vous avez accès à un régime de retraite, comprenez ses avantages et comment il s'intègre dans votre stratégie de retraite globale.
4. **Régimes de retraite pour travailleurs indépendants** :
   - Pour les travailleurs indépendants, découvrez les plans Solo 401(k) ou SEP IRA pour maximiser l'épargne-retraite.
5. **Comptes d'épargne santé (CES)** :
   - Les HSA offrent trois avantages fiscaux : des cotisations déductibles des impôts, une croissance libre d'impôt et des retraits libres d'impôt pour les dépenses médicales admissibles.
6. **529 Plans d'épargne-études** :
   - Ces plans offrent des avantages fiscaux pour l'épargne en vue des frais d'études. Les cotisations fructifient à l'abri de l'impôt et les retraits pour les dépenses admissibles sont également exonérés d'impôt.

Mesurer le succès de vos investissements : La véritable mesure de votre succès en matière d'investissement ne se mesure pas uniquement à l'évolution du solde de vos comptes bancaires et de placement, mais également à vos progrès vers vos objectifs financiers à long terme. Atteindre la liberté financière, telle que vous la définissez, est le but ultime . Un changement positif dans la valeur de votre compte de placement est encourageant, mais l'accent doit rester mis sur l'atteinte des objectifs de revenus nécessaires à vos besoins de dépenses actuels et futurs.

Conclusion : Investir dans des fonds communs de placement est un moyen polyvalent et efficace de constituer un portefeuille diversifié et d'atteindre vos objectifs financiers à long terme. En créant un énoncé de politique de placement, en évaluant les choix de placement clés et en vous concentrant sur vos objectifs financiers, vous pouvez naviguer dans le monde des placements dans des fonds communs de placement en toute confiance. N'oubliez pas que la mesure de votre succès est votre progression vers la liberté financière, pas seulement les fluctuations du solde de vos comptes.

CHAPTER 21

Planification des dépenses d'éducation

Le coût des études postsecondaires ne cesse d'augmenter, ce qui rend la perspective de financer les études supérieures de vos enfants une tâche ardue. Cependant, avec une préparation minutieuse et des décisions financières judicieuses, vous pouvez atténuer ces dépenses et rendre les études supérieures plus abordables. Examinons des stratégies pour une planification efficace des dépenses liées aux études.

Recherchez des options d'éducation à faible coût : une façon de réduire les dépenses scolaires à votre charge est d'explorer des options d'éducation à faible coût coordonnées avec votre université dans l'État. Les frais de scolarité dans l'État sont souvent nettement inférieurs aux frais de scolarité hors de l'État, ce qui permet de réaliser des économies substantielles. De plus, les collèges communautaires peuvent offrir un début d'enseignement supérieur rentable, permettant aux étudiants de satisfaire aux exigences de l'enseignement général avant d'être transférés dans un établissement de quatre ans.

Comprendre l'aide financière : L'aide financière aux études supérieures fonctionne à l'inverse de ce que beaucoup de gens attendent. Plus vous semblez avoir d'actifs, moins vous pouvez recevoir d'aide financière. Il faut faire attention à la façon dont vous économisez pour l'université afin de maximiser le montant de l'aide que votre étudiant peut recevoir. Voici quelques points clés à prendre en compte :

1. **Libérez l'argent disponible** :
   - Les familles, à l'exception des plus riches, devraient donner la priorité à la libération de l'argent disponible en premier. Cette approche donne aux étudiants une meilleure chance de recevoir une aide financière en réduisant l'apparence des actifs disponibles.
2. **Formules d'aide financière** :
   - Comprendre le fonctionnement des formules d'aide financière. La contribution familiale attendue (EFC) est calculée en fonction de vos revenus, de vos actifs et d'autres facteurs. La réduction de votre EFC peut augmenter votre admissibilité à l'aide en fonction des besoins.
3. **Moment stratégique des retraits** :
   - Planifiez soigneusement le moment des retraits de vos comptes d'épargne-études. Retirer de l'argent de ces comptes trop près du moment où vous en avez besoin peut avoir un impact négatif sur votre admissibilité à l'aide financière.

Types de plans d'épargne-études : Envisagez différents plans d'épargne-études qui offrent des avantages fiscaux et de la flexibilité :

1. **529 Plans d'épargne-études** :

   - Les plans 529 vous permettent d'investir dans un compte fiscalement avantageux pour vos futures dépenses d'études. Les gains augmentent en franchise d'impôt et les retraits pour les dépenses admissibles sont également exonérés d'impôt.
2. **Comptes d'épargne-études Coverdell (ESA)** :
   - Les ESA permettent une croissance libre d'impôt pour les dépenses liées à l'éducation. Contrairement aux plans 529, les ESA ont des limites de cotisation plus basses mais offrent plus de flexibilité dans les choix d'investissement.
3. **Comptes Conservateurs (UGMA/UTMA)** :
   - Ces comptes vous permettent d'épargner et d'investir de l'argent pour les études de votre enfant. Cependant, les actifs de ces comptes sont considérés comme les actifs de l'étudiant, ce qui peut avoir une incidence sur l'admissibilité à l'aide financière.

Bourses et subventions : encouragez votre enfant à faire une demande de bourses et de subventions. Ces fonds n'ont pas besoin d'être remboursés et peuvent compenser considérablement les frais de scolarité. Recherchez des bourses locales, régionales et nationales et envisagez des options basées sur le mérite et sur les besoins.

Coûts des soins de santé et retraite : Lorsque vous planifiez vos dépenses d'études, il est également essentiel de tenir compte de la situation financière globale, notamment des coûts potentiels des soins de santé à la retraite. Les dépenses de santé sont une préoccupation croissante pour les retraités, et les frais médicaux imprévus non couverts par l'assurance peuvent menacer la sécurité financière. De plus, il faut tenir compte du fait que les retraités doivent pouvoir vieillir chez eux à un prix abordable et accessible. Les modifications du logement et les services comme la livraison de nourriture ou l'entretien de la pelouse sont souvent des dépenses imprévues qui peuvent s'ajouter aux frais mensuels de logement.

Commencez à épargner tôt : Plus tôt vous commencerez à épargner pour les études de votre enfant, mieux ce sera. En commençant tôt, vous pourrez profiter des intérêts composés et constituer un fonds d'études substantiel au fil du temps. Encouragez votre enfant à participer à l'épargne pour ses études en mettant de côté une partie de ses revenus provenant d'emplois à temps partiel ou de ses allocations.

Conclusion : La planification des dépenses liées à l'éducation nécessite une approche stratégique et une action précoce. En explorant les options d'éducation à faible coût, en comprenant l'aide financière, en utilisant des plans d'épargne-études et en commençant tôt, vous pouvez rendre l'enseignement supérieur plus abordable et assurer l'avenir de votre enfant. N'oubliez pas de prendre également en compte l'impact des frais de santé et de logement sur votre sécurité financière à long terme.

CHAPTER 22

Minimiser les dépenses

Réduire ses dépenses est un aspect essentiel de la liberté financière. En réduisant les dépenses inutiles et en adoptant des habitudes de dépenses réfléchies, vous pouvez libérer davantage de ressources pour épargner et investir. Explorons des stratégies efficaces pour minimiser les dépenses et maximiser l'efficacité financière.

Réfléchissez à l'espace avant d'effectuer des achats : Avant de faire de nouveaux achats, réfléchissez aux implications de l'espace. Moins de tables, de bibliothèques, de chaises et d'autres articles ménagers non essentiels se traduisent par des coûts de nettoyage, de remplacement, de réparation et d'entretien inférieurs. Cette approche contribue à atténuer le stress du ménage et à réduire les dépenses globales.

Visualiser et revoir les objectifs d'épargne : visualisez et révisez régulièrement les raisons qui vous poussent à épargner, surtout pendant un jeûne de 12 mois. Cette pratique vous aide à rester concentré sur vos objectifs, même face à des défis ou à des objectifs contradictoires. Dans les moments critiques, resterez-vous déterminé à intégrer créativité et action, ou succomberez-vous à des activités non essentielles pour vous réconforter ? Parfois, un compromis est nécessaire. Respectez les éléments non essentiels en célébrant les fêtes ou les anniversaires de manière significative, sans décorations matérialistes. Célébrez avec des gestes simples et sincères, comme la préparation de biscuits fraîchement cuits, qui peuvent créer un lien unique avec le destinataire.

Tenir un budget : Tenir un budget est la pierre angulaire de la minimisation des dépenses. Fixez-vous un objectif financier clair, comme épargner pour verser un acompte sur l'achat d'une nouvelle maison dans les douze à dix-huit prochains mois. Faites de cet objectif un engagement indéfectible. Pour ce faire, faites l'inventaire des dépenses de votre ménage à l'aide d'une feuille de planification financière. Notez les dépenses mensuelles et ponctuelles et identifiez les domaines dans lesquels vous pouvez réduire les coûts.

Jeûne budgétaire de trois mois : Mettez-vous au défi de jeûner un budget de trois mois en vivant avec moins pendant une période prolongée. Surlignez, encerclez ou marquez sur votre feuille de plan financier les dépenses dont vous pouvez vous passer pendant trois mois ou plus. Ces dépenses peuvent inclure les services publics, le câble, Internet, l'épicerie, les repas au restaurant, les loisirs, les vêtements, les transports, la couverture d'assurance et les adhésions à des clubs éducatifs. Cet exercice vous aide à identifier les dépenses non essentielles et à adopter des habitudes plus frugales.

Éliminer les espaces non essentiels : Tenez compte de la question de l'espace et éliminez les espaces non essentiels. Les chauffe-eau inutilisés, les placards, les chambres d'amis, les meubles et l'espace jardin entraînent des coûts de vie plus élevés. Vivre avec moins demande de la pratique, mais cela peut réduire considérablement les dépenses. Rappelez-vous le principe 80/20 : la plupart des dépenses les plus élevées proviennent de 20 % de vos articles ménagers. Concentrez-vous sur la réduction des 20 % les plus lourds de vos dépenses.

Accumulez les essentiels : rassemblez les articles ménagers que vous possédez déjà ou achetez des articles de qualité d'occasion ou à prix réduit pour remplir votre maison d'articles essentiels. Cette approche vous aide à éviter les achats inutiles et à maintenir un style de vie minimaliste.

Mesures pratiques pour minimiser les dépenses :

1. **Examen des abonnements et des adhésions** :
   - Annulez tous les abonnements ou adhésions que vous n'utilisez plus ou dont vous ne pouvez plus vous passer. Cela comprend les services de streaming, les abonnements à des salles de sport et les abonnements à des magazines.
2. **Cuisiner à la maison** :
   - Préparez vos repas à la maison plutôt que de manger au restaurant. Cuisiner à la maison est souvent plus économique et plus sain.
3. **Utiliser les transports en commun** :
   - Si possible, préférez les transports en commun, le covoiturage ou le vélo à la voiture. Cela vous permettra d'économiser sur le carburant, l'entretien et le stationnement.
4. **Achetez intelligemment** :
   - Utilisez des coupons, achetez en gros et faites vos achats pendant les soldes pour réduire vos dépenses d'épicerie et de ménage.
5. **Réduire la consommation d'énergie** :
   - Adoptez des pratiques d'économie d'énergie, comme l'utilisation d'ampoules LED, le débranchement des appareils lorsqu'ils ne sont pas utilisés et le réglage de votre thermostat à des températures écoénergétiques.
6. **Réparations et entretien DIY** :

- Apprenez les compétences de base du bricolage pour effectuer de petites réparations et tâches d'entretien dans la maison, réduisant ainsi le besoin de services professionnels.

Conclusion : Réduire ses dépenses, c'est faire des choix réfléchis et adopter des habitudes frugales. En réfléchissant à l'espace avant de faire des achats, en visualisant des objectifs d'épargne, en tenant un budget et en éliminant les espaces non essentiels, vous pouvez réduire considérablement vos frais de subsistance. Ces stratégies permettent non seulement de libérer des ressources pour épargner et investir, mais aussi de contribuer à un mode de vie plus organisé et sans stress.

CHAPTER 23

Comprendre les polices d'assurance

Les polices d'assurance sont un élément essentiel de tout plan financier complet. Elles offrent une protection contre les événements imprévus et les risques financiers, garantissant ainsi que vous et vos proches soyez protégés. Explorons les différents types d'assurance les plus importants et pourquoi ils sont essentiels.

Types d'assurance essentiels de David :

1. **Assurance vie** :
    - **Assurance vie temporaire** : L'assurance vie temporaire est rentable et offre une couverture pour une période déterminée. Elle est idéale pour les personnes qui ont des personnes à charge ou des obligations financières importantes. Il est recommandé de souscrire une police qui correspond à la durée de votre plan financier. La plupart des gens ont besoin d'une assurance vie temporaire lorsqu'ils ont de jeunes enfants ou d'autres personnes à charge.
2. **Assurance maladie** :

    ◦ L'assurance maladie couvre les frais médicaux, notamment les consultations chez le médecin, les séjours à l'hôpital et les médicaments sur ordonnance. Il est essentiel de disposer d'une assurance maladie adéquate pour se protéger contre les frais médicaux élevés et garantir l'accès aux services de santé nécessaires.

3. **Assurance invalidité de longue durée** :
    ◦ Cette assurance vous offre un revenu de remplacement si vous devenez incapable de travailler en raison d'une invalidité de longue durée. Elle est essentielle pour protéger votre bien le plus précieux : votre capacité à gagner un revenu.
4. **Assurance habitation et locataire** :
    ◦ **Assurance habitation** : couvre les dommages causés à votre habitation et à vos biens personnels, ainsi que la responsabilité pour les accidents survenant sur votre propriété.
    ◦ **Assurance locataire** : offre une couverture pour les biens personnels et la responsabilité civile des locataires. Elle est abordable et protège contre les pertes dues au vol, à l'incendie et à d'autres catastrophes.
5. **Assurance automobile** :
    ◦ L'assurance automobile est obligatoire dans la plupart des États et couvre les dommages causés à votre véhicule, la responsabilité en cas de blessures corporelles ou de dommages matériels et les frais médicaux résultant d'accidents.
6. **Assurance responsabilité civile personnelle** :
    ◦ L'assurance responsabilité civile personnelle vous protège contre les pertes financières si vous êtes reconnu

légalement responsable d'avoir causé des blessures à quelqu'un ou d'avoir endommagé ses biens.

7. **Assurance responsabilité civile générale** :
   - Cette assurance offre une couverture responsabilité civile supplémentaire au-delà des limites de vos polices d'assurance habitation, automobile et autres. Il s'agit d'une couche de protection supplémentaire contre les réclamations et poursuites judiciaires importantes.
8. **Assurance soins de longue durée** :
   - L'assurance soins de longue durée couvre les frais des services de soins de longue durée, tels que les soins en maison de retraite, les soins à domicile et les résidences avec assistance. Elle est essentielle pour protéger votre épargne et garantir l'accès à des soins de qualité pendant vos vieux jours.

L'importance d'une bonne assurance : Comme le souligne l'expert financier David Bach, il est essentiel de disposer d'une assurance adéquate. Même si vous disposez d'un système d'investissement bien structuré, l'absence d'assurance adéquate peut vous rendre vulnérable à une catastrophe financière. Une assurance adéquate constitue un filet de sécurité qui protège vos actifs, vos revenus et votre bien-être financier global.

Considérations clés lors du choix d'une assurance :

1. **Évaluez vos besoins** :
   - Évaluez votre situation financière, vos personnes à charge et vos risques potentiels pour déterminer les types et les montants de couverture dont vous avez besoin.
2. **Comparer les politiques** :

   - Comparez les polices d'assurance de différents assureurs. Recherchez une couverture complète à des tarifs compétitifs.
3. **Comprendre les détails de la politique** :
   - Lisez attentivement les conditions générales de chaque police d'assurance. Assurez-vous de bien comprendre ce qui est couvert, les exclusions et les éventuelles limitations.
4. **Demandez conseil à un professionnel** :
   - Consultez un conseiller financier ou un agent d'assurance pour vous assurer de choisir les polices d'assurance adaptées à vos besoins et à vos objectifs financiers.

Conclusion : Comprendre et souscrire les bonnes polices d'assurance sont des étapes essentielles pour protéger votre avenir financier. En couvrant divers aspects de votre vie, de la santé et des revenus à la propriété et à la responsabilité civile, vous pouvez vous protéger, vous et vos proches, contre les événements imprévus. Faites de l'assurance un élément fondamental de votre plan financier pour atteindre la tranquillité d'esprit et la sécurité financière à long terme.

CHAPTER 24

Rédiger un testament

La rédaction d'un testament est un aspect crucial, mais souvent négligé, de la planification financière. De nombreuses personnes remettent à plus tard la rédaction d'un testament pour diverses raisons, par exemple parce qu'elles pensent ne pas avoir suffisamment de biens ou parce qu'elles se sentent trop jeunes pour en avoir besoin. Pourtant, il est essentiel pour tout le monde d'avoir un testament, quel que soit son âge ou son niveau de patrimoine. Voyons pourquoi il est important de rédiger un testament et comment s'y prendre.

Idées reçues : Dans des pays comme Singapour, de nombreuses personnes pensent qu'elles n'ont pas suffisamment de biens pour justifier la rédaction d'un testament. Cependant, la plupart des personnes possèdent plus qu'elles ne le pensent. Pensez à des actifs tels que l'argent du Fonds de prévoyance central (CPF), les polices d'assurance-vie et les soldes de comptes bancaires. De plus, penser à sa propre mortalité peut être inconfortable et conduit souvent à la procrastination. Certaines personnes perçoivent également les testaments comme coûteux, ce qui retarde encore davantage le processus. En réalité, la rédaction d'un testament est souvent très abordable, en particulier pour les expatriés qui peuvent avoir des situations plus complexes.

L'importance d'un testament : On dit souvent que les seules certitudes de la vie sont la mort et les impôts. Bien que la perspective de la mortalité puisse être désagréable, elle fait partie intégrante de la vie. Sans testament, vous ne pouvez pas contrôler la façon dont votre succession (tout ce que vous possédez) sera distribuée après votre décès. Cela peut entraîner des complications et du stress pour vos proches. Un testament garantit que vos biens seront distribués selon vos souhaits et vous procure une tranquillité d'esprit.

Étapes pour créer un testament :

1. **Évaluez vos actifs** :
    - Faites l'inventaire de vos actifs, y compris vos comptes bancaires, vos investissements, vos biens immobiliers, votre épargne-retraite, vos polices d'assurance-vie et vos effets personnels. Cela vous aidera à comprendre ce que vous devez inclure dans votre testament.
2. **Choisissez vos bénéficiaires** :
    - Déterminez qui héritera de vos biens. Les bénéficiaires peuvent être des membres de votre famille, des amis ou des organismes de bienfaisance. En spécifiant clairement vos bénéficiaires, vous évitez les conflits et garantissez le respect de vos souhaits.
3. **Nommer un exécuteur testamentaire** :
    - L'exécuteur testamentaire est responsable de l'exécution des instructions contenues dans votre testament. Choisissez une personne de confiance pour gérer votre succession, payer vos dettes et distribuer vos biens à vos bénéficiaires.
4. **Envisagez des tuteurs pour les enfants mineurs** :

  - Si vous avez des enfants mineurs, désignez un tuteur qui s'occupera d'eux en votre absence. Il s'agit d'une décision cruciale qui garantit le bien-être de vos enfants.

5. **Consultez un avocat** :
   - Faire appel à un notaire permet de mieux cerner les complexités de la rédaction d'un testament. Un professionnel s'assure que votre testament est juridiquement solide et reflète fidèlement vos souhaits. Les erreurs dans un testament peuvent coûter cher à ceux qui restent, ce qui rend les conseils d'un professionnel inestimables.
6. **Tenez votre testament à jour** :
   - Les circonstances de la vie changent, il est donc important de revoir et de mettre à jour votre testament régulièrement. Des événements importants de la vie, comme un mariage, un divorce, la naissance d'enfants ou l'acquisition de nouveaux biens, peuvent nécessiter des modifications à votre testament.

Considérations financières : Contrairement à la croyance populaire, la rédaction d'un testament est souvent peu coûteuse. Le coût varie en fonction de la complexité de votre succession et des honoraires du notaire, mais il s'agit généralement d'un investissement rentable. Pour les expatriés et les personnes dont la situation financière est plus complexe, les avantages d'un testament correctement rédigé dépassent de loin les coûts.

Conclusion : La rédaction d'un testament est une étape essentielle pour assurer votre avenir financier et garantir que vos volontés seront respectées après votre décès. Cela vous procure, à vous et à vos proches, la tranquillité d'esprit de savoir que votre succession sera gérée selon vos instructions. Ne remettez pas à plus tard cette tâche importante : prenez le temps de rédiger un testament et de protéger votre héritage.

CHAPTER 25

Options de compte de retraite

Lorsque vous planifiez votre retraite, il est essentiel de comprendre les différentes options de comptes de retraite qui s'offrent à vous. Ces comptes offrent différents avantages fiscaux et peuvent avoir un impact considérable sur votre sécurité financière à long terme. Explorons les options de comptes de retraite les plus courantes et leurs principales caractéristiques.

Régimes 401(k) :

- **Compte 401(k) traditionnel** : ces comptes vous permettent d'épargner une partie de votre salaire avant déduction des impôts. L'argent est prélevé sur votre chèque de paie avant impôt et vous ne devez pas d'impôts jusqu'à ce que vous retiriez les fonds à la retraite. Cela peut être avantageux si vous vous trouvez actuellement dans une tranche d'imposition élevée et que vous prévoyez d'être dans une tranche d'imposition inférieure après votre retraite. Les employeurs contribuent souvent aux régimes 401(k) traditionnels, ce qui permet d'économiser davantage.

- **Roth 401(k)** : Contrairement aux comptes 401(k) traditionnels, les cotisations Roth 401(k) sont effectuées avec des dollars après impôts. Cela signifie que vous payez des impôts sur l'argent maintenant, mais les retraits admissibles à la retraite sont exonérés d'impôt. Les comptes Roth 401(k) sont avantageux pour les jeunes employés qui s'attendent à se trouver dans une tranche d'imposition plus élevée plus tard dans leur vie. Les employeurs peuvent également contribuer aux comptes Roth 401(k), mais leurs cotisations sont imposées au moment du retrait.

Comptes de retraite individuels (IRA) :

- **IRA traditionnel** : les cotisations à un IRA traditionnel sont souvent déductibles des impôts, ce qui réduit votre revenu imposable pour l'année. L'argent du compte croît à l'abri de l'impôt, ce qui signifie que vous ne payez pas d'impôts sur les gains d'investissement jusqu'à ce que vous retiriez les fonds à la retraite. Cela peut être une bonne option si vous prévoyez d'être dans une tranche d'imposition inférieure à la retraite.
- **Roth IRA** : Les cotisations à un Roth IRA sont effectuées avec des dollars après impôts, elles ne sont donc pas déductibles des impôts. Cependant, l'argent fructifie en franchise d'impôt et les retraits admissibles à la retraite sont également exonérés d'impôt. Les Roth IRA sont idéaux pour les personnes qui prévoient se trouver dans une tranche d'imposition plus élevée à la retraite.

Régimes de retraite pour travailleurs indépendants :

- **Solo 401(k)** : Conçus pour les travailleurs indépendants et les propriétaires de petites entreprises sans employés, les plans Solo 401(k) permettent des limites de cotisation plus élevées et des avantages fiscaux. Vous pouvez contribuer à la fois en tant qu'employeur et en tant qu'employé, maximisant ainsi votre épargne-retraite.
- **SEP IRA (Simplified Employee Pension)** : les SEP IRA sont une autre option pour les travailleurs indépendants et les propriétaires de petites entreprises. Les cotisations sont déductibles des impôts et le compte fructifie en franchise d'impôt jusqu'à la retraite.

Comptes d'épargne santé (CES) :

- Les comptes d'épargne santé offrent un triple avantage fiscal : les cotisations sont déductibles des impôts, l'argent fructifie en franchise d'impôt et les retraits pour des dépenses médicales admissibles sont également exonérés d'impôt. Les comptes d'épargne santé peuvent être un moyen efficace d'épargner pour les futurs frais de santé à la retraite.

529 Plans d'épargne-études :

- Bien qu'ils ne soient pas spécifiquement destinés à la retraite, les plans 529 offrent des avantages fiscaux pour l'épargne en vue des frais d'études. Les cotisations augmentent en franchise d'impôt et les retraits pour les frais d'études admissibles sont également exonérés d'impôt. Cela peut contribuer à réduire le fardeau financier que représente le financement des études de vos enfants.

457 Plans :

- Les régimes 457 sont des régimes de rémunération différée accessibles aux employés du gouvernement et à certains employés d'organismes à but non lucratif. Les cotisations sont reportées d'impôt et l'argent fructifie en franchise d'impôt jusqu'au retrait à la retraite.

Considérations clés :

- **Traitement fiscal** : Déterminez si vous souhaitez épargner avec des dollars traditionnels à impôt différé ou des dollars après impôt. Les comptes traditionnels offrent des déductions fiscales sur les cotisations, tandis que les comptes Roth offrent une croissance et des retraits libres d'impôt.
- **Cotisations de l'employeur** : Profitez des cotisations de contrepartie de votre employeur, car il s'agit essentiellement d'argent gratuit ajouté à votre épargne-retraite.
- **Choix de placement** : Comprenez les options de placement disponibles dans chaque compte et choisissez celles qui correspondent à votre tolérance au risque et à vos objectifs de retraite.

Conclusion : Il est essentiel de comprendre les différentes options de comptes de retraite et leurs implications fiscales pour une planification efficace de la retraite. Que vous choisissiez un 401(k) traditionnel, un Roth IRA ou d'autres comptes de retraite, la clé est de commencer à épargner tôt et régulièrement. En tirant parti de ces comptes et de leurs avantages fiscaux, vous pouvez constituer un portefeuille de retraite solide et atteindre une sécurité financière à long terme.

CHAPTER 26

Investir dans les crypto-monnaies

Les cryptomonnaies ont pris d'assaut le monde, suscitant l'intérêt de tous les horizons de la société. Initialement utilisées par le marché noir, les cryptomonnaies ont attiré l'attention du grand public et sont désormais considérées par beaucoup comme une option d'investissement légitime. Examinons les fondamentaux de l'investissement dans les cryptomonnaies et la technologie révolutionnaire qui les sous-tend.

L'innovation de la technologie Blockchain : La technologie Blockchain, introduite par Bitcoin, est souvent comparée à Internet en termes d'impact révolutionnaire. L'innovation principale de Bitcoin n'est pas seulement la cryptomonnaie elle-même, mais la technologie de registre distribué sous-jacente, communément appelée blockchain. Cette technologie permet de stocker des données sur un réseau de milliers d'ordinateurs, ce qui permet des transactions sécurisées et transparentes.

Principaux avantages de la blockchain :

1. **Transparence et Sécurité** :

- La blockchain garantit que tous les membres du réseau savent à tout moment qui possède quelle somme d'argent. La nature décentralisée de la blockchain rend presque impossible la falsification des transactions, car chaque transaction est vérifiée par plusieurs nœuds du réseau.

2. **Résilience** :
   - Le réseau décentralisé est pratiquement impossible à fermer. Si un gouvernement bloque l'accès à Bitcoin, les utilisateurs peuvent poursuivre leurs transactions depuis un autre endroit où Bitcoin est autorisé, garantissant ainsi des opérations commerciales ininterrompues.
3. **Transactions sans confiance** :
   - La blockchain élimine le recours à des intermédiaires comme les banques en permettant des transactions directes entre pairs. Ce système sans confiance s'appuie sur des algorithmes cryptographiques et des mécanismes de consensus pour vérifier et enregistrer les transactions, réduisant ainsi la dépendance vis-à-vis des institutions centralisées.

L'essor des cryptomonnaies : Les cryptomonnaies ont été introduites en 2009 par un individu ou un groupe sous le pseudonyme de Satoshi Nakamoto, qui a lancé Bitcoin. L'objectif principal était de révolutionner le processus de transaction en contournant les banques, ce qui a entraîné des frais de transaction moins élevés, des transactions plus rapides et une diminution de la dépendance aux institutions financières traditionnelles.

Crypto-monnaies notables :

1. **Bitcoin (BTC)** :
   - Le Bitcoin est la première et la plus connue des cryptomonnaies. Il sert à la fois de monnaie numérique et de réserve de valeur, souvent appelée « or numérique ».
2. **Ethereum (ETH)** :
   - Ethereum est une plateforme décentralisée qui permet de mettre en place des contrats intelligents et des applications décentralisées (dApps). Sa monnaie native, Ether, est utilisée pour alimenter les transactions et les services informatiques sur le réseau.
3. **Litecoin (LTC)** :
   - Souvent considéré comme « l'argent de l'or du Bitcoin », Litecoin offre des temps de transaction plus rapides et un algorithme de hachage différent.
4. **Ripple (XRP)** :
   - Ripple se concentre sur la mise en place de paiements transfrontaliers en temps réel pour les institutions financières, offrant une alternative plus rapide et plus rentable aux systèmes bancaires traditionnels.

Considérations en matière d'investissement :

1. **Volatilité** :
   - Les cryptomonnaies sont connues pour leur volatilité des prix. Bien que cela puisse offrir un potentiel de profit important, cela s'accompagne également de risques plus élevés. Les investisseurs doivent se préparer aux fluctuations de prix.
2. **Environnement réglementaire** :
   - Le paysage réglementaire des cryptomonnaies est en constante évolution. Les investisseurs doivent se tenir

informés des évolutions juridiques et réglementaires susceptibles d'avoir un impact sur le marché.

3. **Sécurité** :
    - La sécurité est primordiale dans l'investissement en cryptomonnaies. Les investisseurs doivent utiliser des portefeuilles et des plateformes d'échange sécurisés, activer l'authentification à deux facteurs et se méfier des attaques de phishing et des escroqueries.
4. **Diversification** :
    - Diversifier votre portefeuille de cryptomonnaies peut vous aider à atténuer les risques. Envisagez d'investir dans un mélange de cryptomonnaies établies et de nouveaux projets prometteurs.
5. **Perspective à long terme** :
    - Bien que le trading à court terme puisse être rentable, l'adoption d'une perspective à long terme permet aux investisseurs de surmonter la volatilité et de bénéficier de la croissance globale du marché des crypto-monnaies.

Conclusion : Investir dans les cryptomonnaies offre un potentiel de rendement important, mais comporte également des risques inhérents. Comprendre la technologie révolutionnaire de la blockchain, les principaux avantages des cryptomonnaies et les considérations relatives à l'investissement peut vous aider à prendre des décisions éclairées. Restez informé, faites preuve de diligence raisonnable et abordez l'investissement dans les cryptomonnaies avec prudence pour constituer un portefeuille résilient et diversifié.

CHAPTER 27

Gestion des risques financiers

La gestion des risques financiers est essentielle pour assurer la stabilité et la croissance de vos investissements. Les conseils financiers fiables et contraignants, notamment en matière de revenu de retraite et de stratégies de placement, doivent s'appuyer sur la méthode scientifique. Cette approche implique des objectifs bien définis, une analyse des données et des prévisions vérifiables pour valider les méthodes de placement, comme la règle des 4 %. Examinons pourquoi la gestion des risques financiers est importante et explorons les différents types de risques et les stratégies pour les atténuer.

Pourquoi il est important de gérer les risques financiers : Une gestion efficace des risques garantit que votre épargne et vos investissements sont disponibles lorsque vous en avez besoin. Qu'il s'agisse d'épargner pour les frais d'études de vos enfants ou de préserver votre patrimoine pour la retraite, il est essentiel de protéger vos actifs de la volatilité des marchés. Si vous êtes à la retraite et que vous comptez sur votre patrimoine, la gestion des risques vous permet de ne pas manquer d'argent.

Risques liés aux taux d'intérêt : les obligations perdent de la valeur lorsque les taux d'intérêt augmentent. Ce risque peut avoir un impact sur la valeur de vos placements obligataires et de votre portefeuille global. Pour gérer les risques liés aux taux d'intérêt, pensez à diversifier vos placements entre différentes échéances et différents types d'obligations.

Risques liés au marché immobilier : Le marché immobilier peut être volatil. Un effondrement du marché peut transformer un investissement immobilier apparemment solide en un investissement peu rentable. La diversification de vos investissements immobiliers et la réalisation d'études de marché approfondies peuvent contribuer à atténuer ce risque.

Risque pays : l'instabilité politique, la guerre, l'hyperinflation ou les politiques gouvernementales défavorables peuvent réduire considérablement la valeur de vos investissements dans un pays donné. Pour gérer le risque pays, diversifiez vos investissements géographiquement et envisagez d'investir dans des économies stables.

Risque commercial : même les entreprises stables peuvent devenir moins rentables, faire faillite ou disparaître complètement, réduisant ainsi le prix de leurs actions à zéro. Pour atténuer le risque commercial, diversifiez votre portefeuille d'investissement dans différents secteurs et entreprises.

Risques boursiers : Le cours des actions peut être imprévisible. Une bonne entreprise peut voir son cours chuter en raison des conditions du marché ou de problèmes internes. Diversifier vos investissements et adopter une stratégie d'investissement à long terme peut vous aider à gérer le risque boursier.

Types de risques financiers : Voici quatre principales catégories de risques financiers :

1. **Risques de marché** :

    - Les risques de marché sont liés aux fluctuations des marchés financiers. Ils comprennent les risques liés aux marchés boursiers, aux taux d'intérêt et aux marchés immobiliers.
2. **Risques de crédit** :
    - Les risques de crédit surviennent lorsque les emprunteurs ne parviennent pas à rembourser leurs prêts. Cela peut avoir un impact sur les investissements en obligations et autres titres à revenu fixe.
3. **Risques de liquidité** :
    - Les risques de liquidité surviennent lorsque vous n'êtes pas en mesure de vendre rapidement un investissement sans réduire considérablement son prix. Cela peut concerner l'immobilier et certaines actions.
4. **Risques opérationnels** :
    - Les risques opérationnels sont liés aux défaillances internes d'une entreprise, telles que les erreurs de gestion, la fraude ou les défaillances du système.

Stratégies de gestion des risques financiers :

1. **Diversification** :
    - Diversifiez vos investissements dans différentes classes d'actifs, secteurs et régions géographiques. Cela réduit l'impact d'une mauvaise performance d'un investissement donné.
2. **Répartition des actifs** :
    - Répartissez vos investissements en fonction de votre tolérance au risque, de vos objectifs de placement et de votre horizon temporel. Une combinaison équilibrée

d'actions, d'obligations et d'autres actifs peut vous aider à gérer le risque.

3. **Révision et rééquilibrage réguliers** :
   - Révisez régulièrement votre portefeuille de placements et rééquilibrez-le pour maintenir la répartition d'actifs souhaitée. Cela garantit que votre portefeuille reste aligné sur vos objectifs financiers.
4. **L'évaluation des risques** :
   - Évaluez en permanence les risques associés à vos investissements. Tenez-vous informé des conditions du marché, des tendances économiques et des performances de l'entreprise.
5. **Utilisation de la couverture** :
   - Envisagez d'utiliser des stratégies de couverture, telles que des options et des contrats à terme, pour protéger vos investissements de la volatilité du marché.

Conclusion : La gestion des risques financiers est essentielle pour assurer la stabilité et la croissance financières à long terme. En comprenant les différents types de risques et en mettant en œuvre des stratégies de gestion des risques efficaces, vous pouvez protéger vos investissements et garantir l'atteinte de vos objectifs financiers. N'oubliez pas que la clé d'une gestion des risques réussie réside dans la diversification, l'examen régulier et une approche proactive pour identifier et atténuer les risques potentiels.

CHAPTER 28

Construire une base financière solide

Le point de départ de notre parcours vers la liberté financière est le développement et l'engagement envers votre cadre opérationnel unique, connu sous le nom de Plan directeur opérationnel. Ce plan directeur sert de plan global pour prendre le contrôle de vos finances et faire face aux menaces financières de la vie. Le processus de création de votre plan directeur opérationnel doit être à la fois logique et émotionnel, nécessitant un investissement en temps et en efforts. La réalisation de ces étapes initiales vous fournira la concentration nécessaire pour surmonter les défis financiers, une condition préalable essentielle pour bâtir une vie réussie.

Créer votre plan opérationnel : Votre plan opérationnel personnel identifiera des solutions claires, stratégiques et tactiques à chaque menace financière, ainsi que des plans hiérarchisés pour les atteindre. Ce plan vous guidera dans l'intégration des outils, des techniques et des stratégies qui équilibrent vos désirs de dépenses tout en maximisant l'efficacité de votre plus grand atout : votre machine à gagner de l'argent . En exécutant avec succès votre plan opérationnel, vous pouvez intégrer des outils et des techniques financières modernes, ce qui vous permettra d'obtenir des résultats significatifs et fiables.

Poser les bases : Tout comme vous devez savoir marcher avant de savoir courir, vous devez établir des bases financières solides avant de bâtir un avenir financier sûr. La première partie du Plan d'action pour l'indépendance financière se concentre sur la pose de ces bases. Des décennies d'expérience ont montré que sans une base solide, les individus ne peuvent pas profiter pleinement des idées, des techniques et des technologies à leur disposition dans leur parcours vers l'indépendance financière. Par exemple, confier les clés d'une voiture de course de Formule 1 à un adolescent sans aucune expérience de conduite serait insensé. Au lieu de cela, vous l'aideriez à maîtriser les fondamentaux de la conduite, en vous assurant qu'il est bien préparé pour concourir au plus haut niveau.

Composantes d'une base financière solide :

1. **Budgétisation et épargne** :
   - L'élaboration d'un budget est la pierre angulaire de la planification financière. Suivez vos revenus et vos dépenses, identifiez les domaines dans lesquels vous pouvez réduire les coûts et donnez la priorité à l'épargne. Il est essentiel de constituer un fonds d'urgence couvrant au moins trois à six mois de dépenses courantes.
2. **Gestion de la dette** :
   - Il est essentiel de réduire les dettes à taux d'intérêt élevé pour assurer la stabilité financière. Élaborez un plan pour rembourser vos dettes de carte de crédit, vos prêts étudiants et vos autres dettes. Envisagez d'utiliser des stratégies comme la méthode de la boule de neige ou

de l'avalanche pour accélérer le remboursement de vos dettes.

3. **Assurance et gestion des risques** :
    - Il est essentiel de vous protéger et de protéger vos biens avec une assurance adaptée. Assurez-vous de souscrire une assurance santé, vie, invalidité et biens pour atténuer les risques financiers.
4. **Planification de la retraite** :
    - Commencez à épargner pour votre retraite le plus tôt possible. Cotisez à des régimes de retraite parrainés par votre employeur, comme les 401(k) et les comptes de retraite individuels (IRA). Profitez des cotisations de contrepartie de votre employeur et des comptes fiscalement avantageux.
5. **Stratégie d'investissement** :
    - Élaborez une stratégie d'investissement diversifiée qui correspond à votre tolérance au risque et à vos objectifs financiers. Envisagez une combinaison d'actions, d'obligations, d'immobilier et d'autres classes d'actifs pour répartir les risques et maximiser les rendements.
6. **Planification successorale** :
    - La rédaction d'un testament et l'élaboration d'un plan successoral garantissent que vos biens seront répartis selon vos souhaits. Envisagez de créer des fiducies et de désigner des bénéficiaires pour protéger votre héritage.

Mise en œuvre d'outils et de techniques modernes : l'intégration d'outils, de techniques et de dispositifs financiers modernes peut améliorer l'efficacité de votre plan opérationnel. Utilisez des applications de budgétisation, des plateformes d'investissement et des logiciels de planification financière pour rationaliser vos processus de gestion financière. Ces outils peuvent vous aider à suivre vos progrès, à prendre des décisions éclairées et à rester au fait de vos objectifs financiers.

Conclusion : Construire une base financière solide est essentiel pour atteindre un succès financier à long terme. En élaborant votre plan opérationnel, en maîtrisant les fondamentaux de la gestion financière et en intégrant des outils et techniques modernes, vous pouvez créer un avenir financier sûr et prospère. N'oubliez pas que la clé de la liberté financière réside dans une base solide, une planification stratégique et une exécution disciplinée.

CHAPTER 29

Suivi et évaluation de vos progrès

Le suivi et l'évaluation de vos progrès financiers sont essentiels pour atteindre vos objectifs financiers à long terme et atteindre la liberté financière. En évaluant régulièrement votre situation financière, vous pouvez identifier les domaines à améliorer et prendre des décisions éclairées pour accélérer vos réalisations financières. Explorons les étapes clés pour suivre et évaluer efficacement vos progrès.

Calcul du pourcentage de rotation : Le pourcentage de rotation mesure le bénéfice ou la perte de vos actifs au fil du temps. Pour calculer ce pourcentage :

1. Trouvez le solde enregistré pour chaque type d'investissement.
2. Calculez le pourcentage d'intérêt obtenu concernant le solde.
3. Tenez compte du solde enregistré précédemment et des revenus gagnés au cours d'une période donnée.
4. Évaluez le pourcentage de chiffre d'affaires sur une base annuelle ou trimestrielle pour un suivi cohérent.

Calcul du solde de l'épargne : Pour évaluer votre solde d'épargne :

1. Indiquez les intérêts perçus sur tous les comptes d'épargne.
2. Exclure les intérêts payés sur les prêts, sauf si l'activité est liée à la création de richesses par le biais de prêts ou d'emprunts d'argent.
3. Enregistrez le montant des intérêts qui vous ont été versés, ce qui vous permet d'évaluer le pourcentage de chiffre d'affaires alloué aux prêts-emprunts .
4. Inclure les fonds de la zakat et surveiller les créances irrécouvrables. Il n'est pas nécessaire d'inscrire les prêts remboursés sur le compte.

Étapes pour suivre et évaluer les progrès financiers :

1. **Fixez-vous des objectifs financiers clairs** :
   - Définissez des objectifs financiers à court et à long terme. Ces objectifs fournissent une orientation claire et vous aident à rester concentré sur votre parcours financier.
2. **Créer un budget** :
   - Tenez un budget détaillé pour suivre vos revenus et vos dépenses. Cela vous aide à identifier vos habitudes de dépenses, à réduire les dépenses inutiles et à allouer des fonds à l'épargne et aux investissements.
3. **Surveiller les investissements** :
   - Révisez régulièrement votre portefeuille de placements. Calculez le pourcentage de rotation et évaluez la performance de chaque placement. Procédez aux ajustements nécessaires pour l'aligner sur vos objectifs financiers.

4. **Suivre les économies** :
    - Gardez un œil sur vos comptes d'épargne. Surveillez les intérêts perçus et assurez-vous d'atteindre vos objectifs d'épargne. Mettez régulièrement à jour vos dossiers pour refléter tout changement.
5. **Évaluer la gestion de la dette** :
    - Passez en revue l'évolution du remboursement de vos dettes. Assurez-vous que vous êtes sur la bonne voie pour rembourser vos dettes à taux d'intérêt élevé et envisagez des stratégies pour accélérer le remboursement de vos dettes.
6. **Évaluation de la valeur nette** :
    - Calculez régulièrement votre valeur nette. Cela implique de soustraire vos passifs de vos actifs. Le suivi de votre valeur nette vous aide à comprendre votre santé financière globale et vos progrès.
7. **Ajuster les stratégies** :
    - En fonction de vos évaluations, ajustez vos stratégies financières au besoin. Cela peut impliquer de réaffecter des investissements, d'augmenter l'épargne ou de mettre en œuvre de nouvelles techniques de gestion de la dette.
8. **Demandez conseil à un professionnel** :
    - Envisagez de consulter un conseiller financier pour bénéficier de conseils d'expert et vous assurer que vous êtes sur la bonne voie. Des conseils professionnels peuvent vous aider à optimiser vos stratégies financières et à atteindre vos objectifs plus efficacement.

Conclusion : Le suivi et l'évaluation de vos progrès financiers sont essentiels pour atteindre la liberté financière. En calculant les pourcentages de rotation, en surveillant l'épargne et en examinant régulièrement votre situation financière, vous pouvez prendre des décisions éclairées pour améliorer votre bien-être financier. Restez fidèle à vos objectifs financiers, faites les ajustements nécessaires et demandez conseil à un professionnel pour assurer votre réussite à long terme.

CHAPTER 30

Surmonter les obstacles financiers

Le manque d'argent en matière d'épargne est souvent davantage lié à la façon dont vous organisez vos finances qu'à votre revenu mensuel. Pour mener une vie prospère et remplie de réalisations, il faut maîtriser bien plus que simplement l'épargne. Il s'agit de devenir une personne qui cherche constamment à s'améliorer, qui s'efforce d'atteindre l'excellence dans tout ce qu'elle fait, qui valorise les gens et qui s'engage à donner le meilleur d'elle-même chaque jour. En termes simples, il est difficile de voir quelqu'un faire faillite alors qu'il a des millions à la banque, ce qui souligne que la liberté financière ne consiste pas seulement à avoir de l'argent, mais à comprendre sa véritable valeur et son objectif.

Comprendre l'épargne : Épargner signifie prendre une partie de vos revenus et la garantir pour une utilisation future. Ce concept assure la longévité de vos revenus. Si vous ne comprenez pas cela, vous pourriez penser que travailler plus pour gagner plus d'argent est la solution pour épargner. Cependant, si vous n'épargnez pas sur ce que vous avez maintenant, vous n'épargnerez pas sur l'argent supplémentaire que vous recevrez plus tard.

Le secret de la prospérité : Si vous aspirez à réussir dans votre carrière et à vous démarquer dans votre domaine de prédilection, le professionnalisme doit faire partie de votre parcours. Cela implique de toujours donner plus que ce que vous recevez. Je crois fermement que c'est le grand secret de la vie : être prêt à faire tout ce qu'il faut pour atteindre l'excellence et s'engager à s'améliorer continuellement.

Le dilemme de l'épargne : de nombreuses personnes pensent qu'elles ne peuvent pas épargner parce qu'elles cherchent de l'argent « de côté » au lieu d'épargner à partir de leur revenu actuel. Elles considèrent leur revenu comme ce qui leur reste à dépenser, y compris l'argent qu'elles épargnent. Cet état d'esprit garantit des difficultés d'épargne. La clé est d'adopter la logique de se payer d'abord : épargner d'abord et dépenser ensuite. Ce petit changement – donner la priorité à l'épargne comme priorité absolue plutôt que comme priorité secondaire – permet à chacun d'économiser de l'argent.

Étapes pour surmonter les obstacles financiers :

1. **Budgétisation** :
    - Créez un budget détaillé qui suit vos revenus et vos dépenses. Identifiez les domaines dans lesquels vous pouvez faire des économies et allouez une partie de vos revenus à l'épargne.
2. **Payez-vous en premier** :
    - Considérez votre épargne comme une dépense non négociable. Mettez en place des virements automatiques sur votre compte d'épargne dès que vous recevez votre chèque de paie. Cela garantit que l'épargne deviendra une habitude.
3. **Fixez-vous des objectifs financiers clairs** :

  - Définissez des objectifs financiers précis, comme constituer un fonds d'urgence, épargner pour l'achat d'une maison ou planifier votre retraite. Des objectifs clairs vous donneront motivation et orientation.

4. **Réduire la dette** :
   - Efforcez-vous de rembourser vos dettes à taux d'intérêt élevé le plus rapidement possible. En réduisant vos dettes, vous aurez plus d'argent à épargner et à investir.
5. **Augmentez vos revenus** :
   - Recherchez des opportunités pour augmenter vos revenus, comme accepter un emploi secondaire, travailler en freelance ou chercher une promotion au travail. Des revenus supplémentaires peuvent accélérer la réalisation de vos objectifs d'épargne.
6. **Restez discipliné** :
   - Évitez les achats impulsifs et les dépenses inutiles. Respectez votre budget et votre plan d'épargne, même lorsque cela s'avère difficile.
7. **Demandez conseil à un professionnel** :
   - Envisagez de consulter un conseiller financier pour élaborer un plan financier personnalisé. Des conseils professionnels peuvent vous aider à prendre des décisions financières complexes et à rester sur la bonne voie.

Conclusion : Pour surmonter les obstacles financiers, il faut changer d'état d'esprit et adopter des habitudes financières disciplinées. En comprenant le véritable sens de l'épargne, en donnant la priorité à vos objectifs financiers et en recherchant continuellement l'excellence, vous pouvez bâtir un avenir prospère et financièrement sûr. N'oubliez pas que le secret de la liberté financière réside dans le fait de toujours donner le meilleur de soi-même et de prendre des décisions financières éclairées et intentionnelles.

Conclusion

Dans ce guide de finances personnelles et cette feuille de route pour la création de richesse, nous avons cherché à fournir une éducation dense et autonome sur le fonctionnement de la vision globale de l'argent et de la richesse. Nous sommes fermement convaincus que la compréhension de l'ensemble confère à chaque partie intégrité, clarté et franchise. Après avoir assimilé ces fondements de la finance, vous pouvez passer aux plans et stratégies de richesse : le corps principal du texte. Plongeons dans le tissu logique qui relie notre compréhension de l'argent et de la richesse à partir des premiers principes. Notre tâche dans les chapitres fondamentaux a été de développer une compréhension de notre monde financier à partir des concepts les plus élémentaires, y compris les définitions de la finance, de l'argent et de la richesse.

Adopter ce plan d'indépendance financière est l'un des meilleurs investissements que vous puissiez faire. La maîtrise de ces idées spécifiques vous permettra de prendre des décisions éclairées et intelligentes dans les domaines pratiques et financiers de la planification successorale. Nous espérons également qu'à travers le prisme de ces réflexions, vous acquerrez non seulement de nouvelles perspectives en matière de finances personnelles et d'investissements, mais que vous serez également encouragé à vivre une vie plus significative et plus équilibrée. Combien de personnes connaissez-vous qui sont tellement absorbées et obsédées par l'argent, le travail et d'autres « choses importantes » qu'elles négligent leur bien-être et celui de leur famille ?

En adoptant les principes et les stratégies décrits dans ce guide, vous pouvez éviter de tomber dans ce piège. Au contraire, vous pouvez atteindre la liberté financière tout en maintenant une vie saine et épanouissante. N'oubliez pas que le chemin vers la liberté financière ne consiste pas seulement à accumuler des richesses, mais aussi à trouver un équilibre et un but dans chaque aspect de votre vie.

Au fur et à mesure que vous avancez, gardez ces points clés à l'esprit :

- **Éducation financière** : Informez-vous en permanence sur les finances personnelles et les investissements.
- **Établissement d'objectifs** : fixez-vous des objectifs financiers clairs et réalisables et créez un plan pour les atteindre.
- **Discipline et cohérence** : Restez discipliné dans vos habitudes financières et soyez cohérent dans vos efforts.
- **Équilibre** : Efforcez-vous d'avoir une vie équilibrée qui privilégie à la fois la réussite financière et l'épanouissement personnel.
- **Adaptabilité** : Soyez prêt à adapter vos stratégies à mesure que les circonstances changent et soyez toujours ouvert à l'apprentissage et à la croissance.

Nous espérons que ce guide vous a fourni les outils, les connaissances et l'inspiration nécessaires pour vous lancer dans votre voyage vers la liberté financière. Que vous trouviez le succès, le bonheur et l'équilibre dans tous vos efforts.

www.ingramcontent.com/pod-product-compliance
Lightning Source LLC
LaVergne TN
LVHW060126051026
849517LV00007B/2413
* 9 7 9 8 3 4 8 4 5 5 8 7 3 *